— 最风流 —

生活在魏晋南北朝

灵犀◎著

北京联合出版公司
Beijing United Publishing Co.,Ltd.

图书在版编目（CIP）数据

最风流：生活在魏晋南北朝 / 灵著，--北京：北京联合出版公司，2017.6（2024.3重印）

ISBN 978-7-5596-0298-5

I. ①最… II. ①灵… III. ①风俗习惯史—中国—魏晋南北朝时代—通俗读物 IV. ①K892-49

中国版本图书馆CIP数据核字（2017）第088416号

最风流：生活在魏晋南北朝

作　　者：灵　犀
出 品 人：赵红仕
责任编辑：徐　樟　夏应鹏
特约编辑：汪　婷
特约监制：朱文平
封面设计：A BOOK STUDIO 萝卜 Design 1092801781

北京联合出版公司出版
（北京市西城区德外大街83号楼9层　100088）
三河市天润建兴印务有限公司印刷　新华书店经销
字数 190千字　710毫米×1000毫米　1/16　14.5印张
2017年6月第1版　2024年3月第2次印刷
ISBN 978-7-5596-0298-5
定价：48.00元

序 言

月上梢头，繁星当空。

每当夜深人静的时候，我总喜欢泡一杯清茶，伫立在清风袭来的窗口，抬头仰望那一颗颗遥不可及的星辰。今晚迷离的月华，忽然让我想起两年前的那次邂逅。我与灵犀相识在一个作者群中，初次聊天，便被她认真、执着的性格所吸引。虽然时光慢慢流逝，但这份友情却如同一朵朵盛开的兰花，弥漫在绿草萋萋的原野上，久久不曾散去。

在我心中，灵犀既像一位朋友，又像一名老师。像朋友，是因为她对人和蔼随性，有求必应；像老师，则是因为她对作品一丝不苟，精益求精。今天为她写这篇序，其实我的内心是无比紧张的，就好像一个练习了很多遍升旗仪式的国旗护卫队新手，终于有机会站在天安门城楼前完成生命中的第一次升旗。毫无疑问，这是一项艰巨的任务。

魏晋南北朝是很多朝代的统称，虽然只有寥寥五个字，却涵盖了当时多达几十个朝代或国家。“魏”是三国时期的曹魏。三国之后，司马氏创建的西晋王朝与其后割据在南方的东晋王朝合称为“晋”。实际上，东晋时的北方属于五胡十六国时期。“南北朝”指的是东晋之后，南北对峙时出现的几个朝代。南方是宋、齐、梁、陈，北方是北魏、东魏、西魏、北齐、北周。直到隋朝一统南北，才终于结束了三国以来三百多年的纷乱。

在灵犀的这本书中，你将会看到不一样的魏晋南北朝。大家对魏晋南北朝的了解程度可能并不如对秦、汉、唐、宋、元、明、清。其实，魏晋南北朝有着丰富的文化底蕴，那时的朝代和国家特别多，留下的风俗和人文也多姿多样。如果没有深厚的国学功底、超强的文字驾驭能力，想要整理这样的一个长卷，并不是一件容易的事情。好在，灵犀做到了。

书中梳理了魏晋南北朝时期的岁时节令常识，百姓、名士、高官等的服饰装扮，饮食文化，城市建筑和家居生活，丰富多彩的游艺种类，婚丧嫁娶，婴幼儿保健等知识。书中灵犀引用了大量的史料甚至冷料，而且语言凝练轻松，能吸引人一读到底，会心一笑。虽然我是历史学硕士在读，之前读过不少历史文献、文章，但在灵犀面前，我感觉自己还有很长的一段路要走。

除此之外，灵犀对文字的热爱是发自内心的，就好像是一堆正在燃烧的篝火，借着清冷的月华，慢慢照亮这片漆黑漫长的夜。祝愿灵犀的书能大卖，希望她能再接再厉，创作出更多更好的作品。

晓松溪月

写于山东潍坊

2017.5.13

目录

第一辑 岁时节令，载欢载笑

第一章　天南海北，都是年味儿

过年，得讲究个年味儿。

魏晋南北朝时，正月间有元日、人日、上元这三个重要节令。这里所说的年味儿，首先反映在元日那天隆重的朝会仪式上。

关于朝会仪式，西晋的《咸宁注》讲得很详细，但这礼节太烦琐，只怕大家会看出瞌睡来，不如先来首打油诗。

王公卿校等君来，宫殿前头乐队齐。
火盆大燃入东阁，鼓乐声中拜皇帝。
献礼贺拜看位阶，外国客人不要急。
头等王公献寿酒，应由侍中来传递。
御膳好吃不能贪，乐舞罢了再离席。

这烦琐的朝会仪式，拙笔也只能描述个大概，要说此中细节啊，还得由堪称古代的女权主义者傅玄所写的《元日朝会赋》来描述。

前三朝之夜中，庭燎晃以舒光。

华灯若乎火树，炽百枝之煌煌。

六钟隐其骇奋，鼓吹作乎云中。

——（西晋）傅玄《元日朝会赋》

可以想象，彻夜欢歌也是朝会的重头戏。

其实，不只是西晋，在整个魏晋南北朝时期，不管民族成分如何，当权者都会举行这样的元日朝会。当然，例外的情况不是没有。如果太史预言那日将有日食发生，很可能，朝中上下都有些恐慌，索性待在家里不出门了。比如，西晋咸宁三年(公元277年)和四年，竟然连续两年都为此罢了朝会。

顺便提一句，有两个重要的历史人物，都出生于咸宁二年。这二人，一个是东晋的开国皇帝晋元帝司马睿，一个是“王与马共天下”的权臣王导。前者被王导的堂兄王敦欺负得死去活来，最终一命呜呼；后者则扶持晋室南渡建国，居功至伟，死后极尽哀荣。

所以说嘛，因日食而罢朝会，没啥意义。反观曹操，他当年听从荀彧的意见，在预言天象有变的情况下，仍不废行朝礼，免得人心惶惶，这才是明智之举。

元日的别称很不少，“元正”“正旦”都是。而且，它既是岁之元，又是月之元、日之元，故此还有“三元”这个美称。这称呼真是妙，想想看，到了这天，一年四时重新循环，新的希望也在孕育，是件多美好的事！

对于这种喜庆的日子，百姓对它的关注程度比官方多得多。说句不好听的话，就算有什么“日蚀将出”的预言，百姓们也不怎么计较，依然会从牙缝中挤出钱来，欢欢喜喜地庆贺新年。

到了这天，无论黄发老人，还是垂髫小儿，赶早便穿戴整齐，“以次拜贺”。拜贺的习俗，早在汉代时便有了，分为向长辈叩岁的拜年，和平辈相互道贺的贺年。

拜贺之后，一定要饮椒柏酒和桃汤。花椒叶和柏叶，一个被认为是玉衡星的精华，一个被当作是预防百病的仙药，因此，把它们凑在一块儿泡酒，也就寄托了人们对彼此最美好的祝愿——年轻康健。

值得一提的是，饮酒的顺序，是“当从小起——以年少者为先”，这规矩在汉时崔寔的《四民月令·正月》里有所记载。很显然，这个时代依然保留了旧俗。这是因为，人们都认为，年幼的人每长一岁，便又成熟了一些，应该先祝他们事业有成，再贺老人增岁添福。

苏轼说，“椒柏称觞，燔烈以兴嗣岁”；《明宫史·史集》中也称，元日里，宫人们要“饮椒柏酒，吃水点心”。可见，元日饮椒柏酒，已成了世代相续的老规矩。

桃，在人们看来，可以驱邪避凶。因此，由桃枝、桃叶、桃茎熬煮的桃汤，味道虽不太好，却是必备之品，不可不饮。

饮罢椒柏酒和桃汤，接下来便要“进屠苏酒、胶牙饧”了。

屠苏酒，据说是来自东晋的道士葛洪。这“健康”也喝下了，“邪鬼”也压住了，也得想个什么招儿来对付瘟气。根据医学验证，以细辛和干姜为主料浸泡的屠苏酒，就有这功效。

所谓“饧”，就是糖，其成分主要是麦芽或谷芽。看看“胶牙”二字，便不难想象，这是一种黏牙的软糖，嚼着格外有劲，理论上能起到健齿固齿的作用。

“立春咸作春盘尝，芦菔芹芽伴韭黄。互赠友僚同此味，果腹勿须待膏粱。”这个春盘是什么？能比肉好吃吗？晋诗《馈春盘》中所说的春盘，也叫“五辛盘”。在嚼完胶牙饧后，人们便要吃一种凉菜——将葱、蒜、韭菜、芸薹、胡荽拼成一盘。

芸薹、胡荽，即油菜、香菜。

这个“辛”，取的是“新”字的谐音。新年新口味，当然要在一年的开头尝上一尝。更重要的是，这五样菜，具有辛、甘、酸、苦、咸五味，正好合了《周礼·天官》中“以酸养骨，以辛养筋，以咸养脉，以苦养气，以甘养肉”的养生理论。

当然，过元日也不仅仅是吃吃喝喝的事。

为了驱鬼辟邪，祈祝一年平安顺遂，人们在这日一早，便要一边宰鸡挂上门户，一边在庭前爆竹——此爆竹，非彼爆竹，是说用火烧烤竹节，跟火药没啥关系。

至于从汉代开始，便要在门上贴神荼、郁垒的画像，并为他们准备束缚鬼芦索的老传统，这时依然保留了下来。

除了健康平安、邪鬼勿近的心声，那时人们最大的愿望，莫过于祈求丰年了。在北方，“鸡鸣时，转往捶粪”，是极富特色的祈求方式。一边口呼“如愿”，一边捶打粪堆的画面，看似愚昧好笑，却也质拙可爱。

物转星移，人日很快就到了，而正月里的年味儿还在发酵。

人日就是夏历正月初七。魏晋的董勋在《问礼俗》中说：“正月一日为鸡，二日为狗，三日为猪，四日为羊，五日为牛，六日为马，七日为人。”到了人过年这天，按规矩一定要吃“七菜羹”，这七样都是新菜，但具体是什么，已经不得而知。

女子们手巧，便会剪出彩人，用于贴屏风或是饰头鬓——当然，互赠亲制的华胜给闺中密友，就更有一番真切情意了。此外，呼牛马招杂畜，登高赋诗，也是南北两地都十分流行的习俗。

如果说，在正月里有什么节令是极具个性的，那一定非上元节（元宵节）莫属。在中国古俗中，它与中元节（盂兰盆节）、下元节（水官节），被合称为“三元”。这个“三元”不是前面所说元日的美称，应该有所区分。

说到上元节，人们的印象多半停留在“贵客钩帘看御街，市中珍品一时来”的美味，和“去年元夜时，花市灯如昼”的浪漫上。但其实，在魏晋南北朝时期，正月十五日，人们是不吃元宵、不放花灯的。

这不是说，他们闲在家里，什么都不做，实际上，人们要做的事挺多，那气氛的热闹程度，也完全不输给唐宋。

对于荆楚一带的人来说，祠门祭户是顶重要的事。到了这天，先把杨树枝挂插在左右门上，再开始祭祀——酒、肉、豆粥等物，都要提前备好。

江南人的习俗，则是要用白膏粥祭蚕神。

白膏粥，也可简称为“膏粥”，顾名思义，就是说浮着油脂的那种白粥。东晋干宝的《搜神记》中讲过，以前有个叫张成的男子，夜半遇见蚕神，对方说，明年起正月十五日，用这种粥来做祭品，她就可以保佑他蚕业兴旺。

这人照做了，之后果然赚得盆满钵满。如南朝梁吴均在《续齐谐记·白膏粥》的记录一般，“今正月半作白膏粥，自此始也”。

江南一带的孕妇，还有佩戴宜男草的习俗。“都人上元夜作宜男蝉，似蛾而大”，萱草，便是“宜男”。做成蝉形的萱草，有乞生贵子的内涵在里头，平时要戴，但在上元日，则多了一层避瘟驱邪的意思。

更为普遍的习俗，是百姓们礼节隆重地去迎接紫姑。晚唐李商隐说，“昨日紫姑神去也，今朝青鸟使来赊”；北宋苏轼也写过《仙姑问答》，说他还和紫姑见过面、谈过心，对方“赋诗立成，有超逸绝尘语”，简直就是惊才绝艳！说得玄乎乎的，也不知真的假的！

再往后，清人黄斐默在《集说诠真》中，讲述了人们迎请厕神的规矩。从中可见，上溯魏晋南北朝，下至唐宋明清，迎紫姑的习俗一直都存在。

和蚕神一样，紫姑也是一位神，但她成为神的经历，太过坎坷心酸。有传，姑娘本叫何媚，于正月十五日，被夫君李景的正妻残杀于厕所之中。还是天帝生了悯心，才给这苦命女升了职，做了厕神。

咦，怎么有点儿不对劲？好吧！紫姑好歹是个姑娘，天帝他老人家居然给起了个“厕神”的名儿，这也太说不过去了呀！还好，兴许是天帝也意识到了这点，所以，紫姑虽背着“臭烘烘”的名头，却并不主厕事，而是被赋予了先知的本事。

这一来，什么箕帚啊，草木啊，筷子啊，都成了请紫姑降附的神木。妇女们更乐于向她说心事、做祈祷，这也是一种寄托。

南方人的上元节过得很热闹，而北方人在这天，习俗也是颇具特色的。

由于史料的缺漏，我们已不清楚打簇、相偷戏这种竞技性的活动到底是怎么个玩法，好在，我们能找到北魏之后，北方人在上元节当夜全城狂欢跳舞的记载。

是的，跳舞，还是戴着面具跳舞的那种！

“人戴兽面，男为女服，倡优杂技，诡状异形”，“肴醑肆陈，丝竹繁会，竭赀破产，竞此一时”，看看，那时的人们，在百戏喧闹“充街塞陌”的气氛中，都那么不甘寂寞，有戴着兽面“企图”吓唬人的人；有扮成女子秒变“李玉刚”的——不知道声音能不能变——男子；也有心情大好瞅啥啥顺眼、统统抱回家的购物狂……

真是挺会玩的！

所以啊，虽然元宵很好吃，花灯也很美，但在这个没有元宵、没有花灯的年代里，从上至下，不一样是热热闹闹、年味儿十足的吗？

小贴士

【吃元宵】根据《平园续稿》《岁时广记》《大明一统赋》等史料，将元宵作为应时食品的习俗，最早见载于宋朝。时人称之为“汤团”“浮圆子”“圆子”“乳糖元子”和“糖元”等。另有汉文帝时为纪念“平吕”而设、东方朔救助名为“元宵”的姑娘、白蛇吃汤圆成仙等起源说，都不足为信。

【赏花灯】上元节放灯的习俗，是在南北朝末期舞会的基础上发展而来的。有唐一代，灯市盛况空前，但让人印象深刻的，还是宋朝的灯会。这主要是因为浪漫多情的宋词，扩大了它的影响力。最有名的当属辛弃疾的《青玉案·元夕》和朱淑真（一说，欧阳修）的《生查子·元夕》。“众里寻他千百度，蓦然回首，那人却在，灯火阑珊处”和“去年元夜时，花市灯如昼。月上柳梢头，人约黄昏后”是其中的名句。

第二章　曲水流觞，是文人的娱乐吗？

只要提起三月三，人们自然而然会想到《兰亭集序》里的描述。

在东晋的永和九年，四十一位军政高官兼文人雅士，在山阴（今浙江绍兴）兰亭出游，并写下众多歌咏自然、一抒怀抱的诗作。其间，提到了修禊事和曲水流觞这两种活动。

“初唐四杰”中的王勃，曾在山阴云门寺，模仿兰亭曲水流觞的格局，主持过一次禊事，还写了一篇《修禊序》，文辞大有可观之处。“他乡易感，增栖怆于兹辰羁客，何情更欢娱于此日，加以今之视昔，已非昔日之欢。后之视今，亦是今时之会？”这样的句子，和王羲之“向之所欣，俯仰之间，已为陈迹，犹不能不以之兴怀”等句颇有异曲同工之处。

北宋黄庭坚也十分欣慕古人雅聚，曾在万州和戎州（今四川宜宾），模仿《兰亭集序》中所绘的意境，凿石引水为池，皆取名为“流杯池”。有趣的是，两者之间相隔长达三十余年，可见黄庭坚对这种风雅的活动，实在有很深的执念。

然而，将目光回溯至魏晋南北朝，我们会发现，那时三月三的面貌与我们的想象颇有不同。应该说，三月三的准确称法，是“上巳节”，意思是说三月中第一个上巳的日子。因此，很明显，上巳节的日期肯定不是固定的。

翻阅一下《宋书》，大概可以看出，在曹魏之后，人们就已经将此上巳节定为每年的三月三。同时，也有人认为，人们依然把巳日当作上巳节，不固定为三月三。如果按这种说法来看，就是上巳节与三月三这两者已经分家了。

如果后一说法更为确凿，其实也未尝不是一件好事，因为在三月三这天，活动的主题是宴饮游玩，而传统的上巳节则不然，它们各有其存在的意义。

“暮春者，春服既成，冠者五六人，童子六七人，浴乎沂，风乎舞雩，咏而归。”孔子虽让弟子们“各言其志”，却独独对曾点的志趣表示赞同。春日郊游，没有战乱和饥荒，只有阳光的照拂和春风的滋养，沐浴和歌唱，都让人心旷神怡。

这里的沐浴，并不仅仅只是沐浴而已。根据《周礼·春官·女巫》的记载，由女巫职掌每年的祓除仪式，同时为人们衅浴除灾。祓除，是一种除灾去邪的祭礼；衅浴，是说用香薰草药涂身（或熏身）并沐浴洁身。

早在春秋时，便已流传至民间的风俗，到了东汉时仍然保留了下来，《后汉书》中说：“是月上巳，官民皆洁于东流水上，曰洗濯祓除，去宿垢疢，为大洁。”

到了王羲之所在的东晋，三月三日几乎不再进行祭祀活动，想来《兰亭集序》中所说“修禊事”的重点并不在祭祀，而是在洁身沐浴和水边嬉游这上头。节日意义的变化，是移风易俗的必然，实在不必大惊小怪，但值得注意的是，被三月三日“丢”去的东西，不仅是修禊事里的祭祀内涵，还有曲水流觞里的迷信说法。

其实，曲水流觞并不是王羲之等人的首创，只是因为《兰亭集序》太有名气，后人的追慕太过痴狂，我们才容易误以为，这活动其实就只是这群文人雅士们，一边喝酒一边吟诗的事儿。

南朝梁吴均在《续齐谐记》中曾写到晋武帝对三月三日来历的困惑。他的询问对象是挚虞。挚虞这人挺实诚，也没多想，就照着他听来的掌故，缓缓道来。晋武帝听了以后，有些不高兴。他本以为曲水流觞挺风雅的，不料却是晦气得紧。

这是因为，挚虞说，在东汉章帝时，有个叫徐肇的人，在三月初生了仨女儿，结果很悲剧地只活了三天就夭折了。村民们觉得这事儿实在太邪门了，便赶紧去河边盥洗除灾，还把酒杯漂在水上，大概也是为了送走晦气。

大臣束皙见挚虞捅出了篓子，赶紧上来讲了个好听的故事。故事挺久远的，还得套到周公的头上。据他所说，周公当年营建洛邑，便借流水来泛酒，故此逸诗（先秦古籍中引用的“诗”，但又不在今本《诗经》中）中有“羽觞随波”的句子。

在此，我不得不插入一句，羽觞那个“羽”字，和羽毛没有关系。之所以有这么个名字，是因为它的形状如爵，两侧的抓耳又类似于鸟的双翼，才得了这么个名字。当然，您要说这形状也挺像小耳朵的，也无不可，因为它还有个别名，叫“耳杯”。

束皙接着说，后来秦昭王曾在三月三当天，效仿周公在河边泛舟酒。这仿佛是个吉兆，因为有个金人“嗖”的一声从水里冒出来，呈给他一柄水心剑，并且告诉他，如果持有此剑，可据有西夏之地。后来，秦昭王为了感谢这个金人，便在那里建了一座曲水祠，泛酒也就是流觞的习俗，便被当作吉俗一并传承了下来。

因为束皙的故事讲得太好了，当即得到了奖赏，而挚虞那个倒霉蛋，则因为讲了个晦气的传说而被贬为阳城县令，真是祸从天降。

相比而言，如将上巳日祓除衅浴的意义再琢磨一下，很有可能挚虞那个“除灾化厄”的传说更为贴近历史，何况，“羽觞”“耳杯”的称法，是在汉朝才定下来的，这可不是逸诗所能载录的了。但这没关系，只要晋武帝爱听就行，传说的特异之处便在于越古老越美好。

当然啦，在草长莺飞的时候，呼朋引伴地去宴饮游玩，的确是人生一大乐事。古人们自己都愿意丢弃那些迷信色彩，我们也不必给它再涂抹上去了。想想看，到了三月三那天，艳服靓妆出门，听由酒杯随波而下，将春意与情意送至杯歇处，该是多有情趣的一件事。

“三月三日，士民并出江渚池沼间，为流杯曲水之饮。”南朝梁宗懔在《荆楚岁时记》里记载如是。看到了吧？虽说，一般百姓在这天未必都会吟诗拽文，但还是会一起曲水流觞，享受生活的乐趣。所以说，此种娱乐活动还真不是只属于文人雅士们的。

对于文人来说，出口成章不是难事，但您听说过有饱学之士吟不出诗的事吗？那位晒肚皮炫学问的郝隆便是一例。当时，东晋权臣桓温曾担任过南蛮校尉，驻守于南方民族地区，郝隆在他府中任参军。

到了三月三这天，桓温要求属下们都来作诗，不能为者便要罚喝三升酒。郝隆受罚喝酒后，总算写了一句：“娵隅跃清池。”娵隅，就是鱼的意思，古代西南少数民族称鱼为“娵隅”。桓温纳闷了，问：“作诗还用蛮语？”郝隆便说，他自己从千里之外赶来投奔对方，有幸得到了南蛮校尉府的参军一职，不说蛮语怎么成呢？

郝隆无非是在埋怨对方对他不予重用，措辞却极幽默，这话里的话，桓温岂会听不出来，不过他自然有自己的想法，也就一笑置之。

刚刚说的是南方这头，那么到了这天，北方那边又如何呢？答案是，他们同样也热衷于过三月三这个节日。

在《邺中记》中便有一段记载，说后赵武帝石虎，曾在这天亲临水会，而公主和后宫佳丽以及命妇都争先而出，一伙子贵人们“临水施帐幔，车服灿烂，走马步射，饮宴终日”，这回头率别提有多高了，只怕跟杜甫所说“三月三日天气新，长安水边多丽人”的场景比起来，只会更为醒目耀眼。

显而易见，对于三月三，北方人的重点是在“走马步射”上头，这活动与清明节射柳倒有一些相近之处。中原古来便有射礼，古时匈奴和鲜卑都有秋祭时绕林木（或柳枝）的习俗，这习俗慢慢发展成“以柳为的，驰马射之”的仪式。风俗几经融合，时间移到了春日，祭祀的意思也随之慢慢淡去了。

除了曲水流觞以外，在三月三日，人们还有别的娱乐活动。“羽觞乘波进，素卵随波归”，从西晋潘尼（美男潘安的族侄）所写的诗不难看懂——除了觞可以用来漂流，鸡蛋也是可以的。只是呢，那时的酒精度数毕竟不高，多喝点儿酒是没关系，不知多吃鸡蛋会不会不太好。

南朝梁庾肩吾曾作过《三日侍兰亭曲水宴诗》，其中除了提到人们也在水上漂流枣子（参差绛枣浮）以外，还不无激情地吟咏道：“百戏俱临水，千钟共逐流。”

您瞅见了吗？君臣们玩得何其尽兴，连综艺节目都搬出来了。他们都巴不得，在这天“游目骋怀”“极视听之娱”，将快乐盛放到极致。

小贴士

【羽觞】“觞”是酒杯的通称，因此行酒便是“行觞”，酒政便是“觞政”。另外，“觞”也是“羽觞”的省称。因为唐朝时人们仍在使用羽觞，所以李白“开琼筵以坐花，飞羽觞而醉月”（《春夜宴从弟桃花园序》）里的“羽觞”应为实指。几乎可以肯定的是，随着羽觞的消失，宋词中所提的这个物件，只是代指而已。而明清时再次出现的羽觞，已非古制，且只做礼器、摆件。

【寒食节和清明节】寒食节在农历三月，清明之前一两天。前者又称“禁烟节”“冷节”。

据《辞源》《辞海》的释义，此节是晋文公重耳为悼念被烧死的介子推而设的，因此要求民间禁绝烟火，只吃冷食。魏晋南北朝时，改汉朝的一月时限为三日，这与曹操、石勒等人的禁令有一定关系。不过，寒食节在2000多年历史里，一直被作为祭扫的重要节日看待，直到唐朝，寒食节为清明节所替代。今天人们喜欢食用的馓子，即来自于魏晋南北朝时期，当时的名字叫“寒具”。

第三章　说不完的端午节

记得小时候看《射雕英雄传》，对瞎老头柯镇恶印象尤为深刻。后来闲看史书时，知道魏晋南北朝时还有一个人叫“王镇恶”，顿时倍觉亲切，也颇为好奇，赶紧去查了查此君大名的由来。

原来，这人本为前秦丞相王猛之孙，正好出生于东晋孝武帝司马曜宁康元年（373年）五月初五。按当时的习俗来说，这个日子大为不利，因此家人便想把他送给别家，以免祸害本族。不过，祖父王猛非但不这么看，反而还说这个孩子非同一般，将会光耀门楣。他还举出孟尝君生于恶月，后来却做了齐国宰相的例子来劝服家人。

然而，家人还是为此担心不已，于是乎，“镇恶”二字便成了王猛孙儿的大名。

后来，王镇恶随叔父归晋，成为东晋一代名将。尤为难得的是，唐宋武庙名将中唯一的祖孙档便是王猛和王镇恶。不过，很遗憾的是，战功赫赫的王镇恶，为中兵参军沈田子诬陷后擅杀，卒年不过四十多岁。

这里必须得说说，五月初五为何会这般为人所忌。

约莫从战国开始，人们就对五月产生了畏惧情绪。这是因为五月正处在春夏之交，天气炎蒸，很多百姓适应不了气候，所以生病甚至病亡的人不在少数，五月就自然而然地被人们视为恶月。这恶月之中也有一个恶日，便是五日。人们本来就有“不举五月子”的习俗，要是再碰上五日生子，更会被认为是男害父、女害母。

南朝宋刘敬叔在《异苑》中还提过一个异闻，说新野有个叫庾实的人，在五月间曝晒竹席，晒着晒着，恍惚间看见一个小孩儿死在那上面。他以为是自己眼花，本来也没在意，不料回头不久，自己的亲儿子竟然夭折了。这事传了出去，时人大为震恐，谁也不敢在这月晒席子或是别的东西了。

除了生子不吉之外，“五月到官，至免不迁”“五月盖屋，令人头秃”这样的说法，也是盛行一时。这就难怪百姓们会因畏惧五月，而将除瘟、驱邪、求吉祥作为端午节的旨归。

不过，到了魏晋以后，人们对端午节的恐惧之情淡去不少，娱乐之心大有增加。根据《年华记丽》里“端午结庐蓄药，斗百草，缠五丝”的记载，可以看到一个名为“斗草”的游戏。

提起斗草，当是苏轼“疑怪昨宵春梦好，元是今朝斗草赢”这两句最为有名。此外，《红楼梦》第二十三回中，在写到贾宝玉写四首即事诗前，也有他“每日只和姊妹丫头们一处，或读书，或写字，或弹琴下棋，作画吟诗，以至描鸾刺凤，斗草簪花”的描述。

关于“斗草”的记载，《荆楚岁时记》里“五月五日，四民并踏百草，又有斗草之戏”的记载相对较早。所谓“阳春二三月，相将蹋百草”（《乐府诗集》），前者是一种踩踏草上露水，用以去热祛毒的禳灾习俗；后者则是以采集花草的数量、品种评判输赢的游戏。

相对来说，儿童斗草的斗法更为活泼，他们往往会用叶柄两两相勾，捏住自家的草叶往反方向扯拽，谁的草叶断了，谁便是输了——输了也无所谓，换了草叶再斗便是。“弄尘或斗草，尽日乐嬉嬉”，与人斗、与自然斗，也是其乐无穷啊！

当然，踏百草和斗草未必非得在端午节那天，这是肯定的。斗草的游戏，在魏晋南北朝之前鲜有记载，起源也说法不一，有说是《诗经·周南·芣苢》里就已经提到了，有说是源于吴王和西施，但可以肯定的是，它与中医药学的产生有关，且在这个时期才开始流行起来。

我们今天时常说要“亲近自然”，古人也知这个理，因此到了端午节这天，人们每每走出家门，在葳蕤草木间采集花草，既利于身心健康，又助于丰富见闻，真是一举两得。

这样好的游戏，自然受到很多人的青睐了，只看看南朝梁文学家王筠的《五日望采拾诗》就知道了。您看，“裁缝逗早夏，点画守初晨”，贵妇们很早便起身了，一番打扮之后，真是“绡纨既妍媚，脂粉亦香新”，美得很哪！

一轮轮采撷竞赛之后，贵妇们突然觉得只斗草还不够尽兴，索性“折花竞鲜彩，拭露染芳津”了。如果读读这样的诗，回头再去看《红楼梦》中“斗草簪花”的记载，想必就更能明白“这一个说：‘我有观音柳。’那一个说：‘我有罗汉松。’……那个又说：‘我有月月红。’这个又说：‘我有《牡丹亭》上的牡丹花。’”的情境了。

所谓簪花，也就是“斗花”，是“斗草”的另一种形式。不过，“簪”也有插戴的意思，只是作为游戏而言，应理解为“斗”。

同样是在《五日望采拾诗》中，还有这样一句不可被忽视，“长丝表良节，命缕应嘉辰”。里面透露出的信息，一是端午节已经被人们视作“良节”“嘉辰”，二是人们在当日还要系长命缕。

说起长命缕，大家都不会感觉陌生，时至今日我国部分地区都有这习俗。有关于此，最早的记录，来自东汉应劭的《风俗通》，“以五彩丝系臂，名长命缕，一名续命缕，一名辟兵缯，一名五色缕，一名朱索，辟兵及鬼，命人不病瘟”，这便是人们在其中寄寓的深意。

在中国传统文化中，青、红、白、黑、黄五色，因为分别象征着五方五行，而成为公认的吉色。端午节一大早，长辈们便要在孩子手腕、脚腕、脖子上系上长命缕，并且禁止他们在此时说话，告诫他们不可随意丢弃它——要抛也只能在之后第一场大雨或洗澡时，抛往河中，这才可确保疫疾统统被河水冲走。

与长命缕的端午风俗一样，插艾草悬在门户上、饮菖蒲酒解毒驱疫、观龙舟竞渡、吃粽子以纪念古贤等习俗，自从诞生之后，便相沿成习，至今不衰。那么，还有没有什么习俗算是魏晋南北朝时特有的呢？这还真有一个。

唐人李亢在《独异志》中记载了一件驯养鸲鹆的趣事。“鸲鹆”这名儿，今人听着也许会觉得陌生，但要是说起它“八哥”这个别名来，应该是家喻户晓。我们都知道鹦鹉学舌，而过去一直也有“鸲鹆学舌”（八哥学舌）的说法。

说起鸲鹆学舌，一定得顺便提到明人庄元臣在《叔苴子》里讲的那个寓言故事。故事里说，“出于南方”的鸲鹆在经过南人的调教后，能模仿人说话。鸲鹆以此为傲，嘲笑树上的鸣蝉声音难听，可对方却说它所说的没一句是自己的心意，“偈若我自鸣其意哉”。

鸲鹆闻言极为惭愧，再也不学人说话了。庄元臣最后说，“今文章家窃摹成风”，比懂得惭愧的鸲鹆差远了。这个毕竟是寓言，寓意才是重头戏，而搁在大自然中，鸲鹆学人说话，乃是天性。

要想激发这种天性，魏晋南北朝的人就有好办法。《荆楚岁时记》中道："此月鸲鹆子毛羽新成，俗好登巢取养之。必先剪去舌尖，以教其语也。"

《独异志》里的小趣事，说的便是东晋桓豁（桓温的三弟）在出镇荆州之时，幕僚中有人得到了一只鸲鹆，当即剪去舌尖训练它说话。这是头一年端午节的事。到了第二年，那位幕僚命鸜鹆在宴席上，现场表演舌尖上的技艺，模仿得惟妙惟肖。最有趣的莫过于，它为了模仿一位鼻炎客人的腔调，居然扎进瓮中去学。这也真是成精了！

众人一再为之绝倒，笑得前仰后合，哪里还记得起以前端午节的那股子"邪气"呢？可见，这"恶"真是不一定要去"镇"，只要是会自己找乐子，娱人娱己之外，自然也就忘了去防这个防那个的，这不也挺好的吗？

小贴士

【端午节纪念谁】楚怀王的大臣屈原具有美政思想，力主联齐抗秦，招致贵族子兰等人的反对。遭谗去职之后，屈原被流放至沅、湘流域，创作了《离骚》《天问》《九歌》等作品。在楚都被攻破后，屈原于五月五日写下绝笔《怀沙》，抱石投江殉国。

同时，在江浙一带，人们认为端午节是为纪念春秋时期助吴伐楚、最后冤死的伍子胥。最后，东汉时救父投江的孝女曹娥，也是为人所纪念的对象。不过渐渐地，纪念屈原的文化内涵影响更为深远。元人贝琼在《己酉端午》中写道："风雨端阳生晦冥，汨罗无处吊英灵。海榴花发应相笑，无酒渊明亦独醒。"从中不难看出，在封建社会中后期，屈原已是端午节的主要纪念对象。

【浴佛节】浴佛节又名佛诞节，即释迦牟尼佛祖诞生之日，具有求福灭罪的意义。在东汉时期，浴佛节只在寺院举行活动，魏晋南北朝时期，开始在民间广泛流传。浴佛节起初定为农历四月初八，后来北方改至腊日，南方则因袭不改。

第四章 七夕乞巧，重阳登高

刘敬叔在《异苑》里说，端午节不可晒物，而时序流转，到了七月七日时，人们就可以放心大胆地拿出杂物来晒了。这风俗在魏晋南北朝之前就有，到了此时，白天曝晒衣物、书籍已成为常态，不晒东西反而会被视为异类。

这不，阮咸就曾为晒东西发过愁。

《晋书》中提到，阮籍的侄儿阮咸在贫穷之时，见着住在道北的宗人，在七月七日当天晒出华衣靓服，实在窘迫，索性把一条寒酸的布犊鼻裈用竹竿挂起，勉强充数。有人看着好笑，就问他这是何故，阮咸回答道："未能免俗，聊复尔耳！"这阮咸，也是"竹林七贤"之一，其知名度不如其他几位，不过，学音乐的人大抵都该知道，我们今日有一种乐器叫阮咸（简称阮），便是因为精于音律的阮咸改造了从龟兹传入的琵琶。

从私生活上来看，阮咸也是极为放诞的一个人，甚至还跟一群猪一起喝过瓮里的酒，可就是这样一个人，在七月七日当天也不能免俗，连寒酸的布犊鼻裈都要晒，可见时风如此，谁也没法不照做。

不过，细细研究其生平，阮咸之所以这么做，应该也有看不惯别人炫富，故意搅局的可能性。话说回来，大千世界里有炫富的，也有炫穷的，自然也就有炫个性的，东晋的郝隆便是这样一个人。

经过盛暑，家中的书籍都须得好好晒晒，后来，晚唐杜牧也说了，“晒书秋日晚，洗药石泉香”，读书人爱书、晒书，都是常事。可是嘛，就在大家兴致勃勃地展开一年一度的晒书大赛时，却发现郝隆竟四仰八叉地，把自己晒在日光下——圆圆的肚皮尤为突出。

何故？答曰：“晒书。”

很显然，这是在夸耀自己满腹诗书，“晒肚皮”“仰卧曝日”这样的典故便是来源于此。姑且不论这郝隆是否真有这么高的才学，这自信洒脱的性子，倒为后世留下了文人品趣的一大谈资。

当然，您说这位最后辞官隐居的郝隆，到底是否有真才实学，个人觉得他肯定是有的。话说，当年谢安一再坚称他不愿做官，隐于东山——越隐名声越大。后来，因家族的变故，谢安不得不出来，成了郝隆的同僚。

某次，桓温得了一些草药，其中有一味，有“远志”和“小草”两个名字。桓温本来想问谢安，这意思迥异的药名由来，郝隆马上抢话道：“这草药，在山里时就叫远志，出了山就是小草。”他这是在讥讽谢安，隐居隐得世所崇仰，出来做官混得也不咋样。谢安对此颇觉尴尬，但也不好动怒。

曾听说，“毒舌的人，往往都挺有才”，这话搁郝隆身上，倒真是的。只不过，谢安后来却不是默默无闻的小草，而是东晋的一代名相。其力挽狂澜的本事，让他的知名度远远超过了郝隆。

需要顺便提及的是，除了七月七以外，自宋朝而始的天贶节，也有晒物的习俗，这天恰在农历六月初六，正好和流传已久的“姑姑节”相重叠。

说起七月七日，自然得提起牛郎织女，但是，这个民间传说还在发展阶段，后世真正意义上的“七夕节”其实还没有形成。

迢迢牵牛星，皎皎河汉女。
纤纤擢素手，札札弄机杼。
终日不成章，泣涕零如雨。
河汉清且浅，相去复几许！
盈盈一水间，脉脉不得语。

——《古诗十九首·迢迢牵牛星》

从此处的诗句里，可以看出牛郎织女的传说，至少在汉代时已有了雏形。到了魏晋南北朝时，“许一年一度相会”的情节，便在南朝梁殷芸《小说》等书中定型下来。

然而，这时七月七日并不具有情人节的意义。只是，织女因着那双巧手，已成为下界的女子们所仰慕的对象，于是，在这一晚，女子们会在天上喜会之时，纷纷向织女乞巧。

乞巧的方式有二，一是结缕穿针，二是守夜祈福。

根据《荆楚岁时记》的记载，到了晚上，女子们都会用彩线穿过金、银制成的七孔针，再将瓜果呈于庭中。北周庾信《七夕赋》中，描述此种情形，是“缕条紧而贯矩，针鼻细而穿空”，真可谓形象生动。

做好准备以后，女子们会满怀期待地观察喜子（蜘蛛）是否会在瓜果上结网，如果结了网，她们会异常兴奋，因为这代表着她们乞到了巧。

至于说，守夜祈福这种活动，参与者肯定不仅仅是女子们了。一家老小，不论男女，在这天都聚在一起一同守夜。到了这一晚，庭院中会被打扫得干干净净，露天陈设的小案上，酒水、果脯，以及时令水果，全都陈列在上面。

应该说，守夜是方式，祈福才是目的。古往今来，人们所愿的，从大的方面来说一般都是福寿永昌，家业有传，所以求富贵的、求子嗣的做法，都是使得的。不过要注意的一点是，祈福者不可贪婪，这个愿必须是“弱水三千，只取一瓢饮”。

过了七月七日，八天后便是中元节。再过接近两个月，魏晋南北朝时期最重要的节日——重阳节——便接踵而至了。

晋朝以来，重阳节便受到了时人的格外看待。这是因为，古人将“九”定为阳数的最大，到了九月九日，重九自然是阳数之极，他们确信此日天地之气会交汇在一起，邪气也达到极盛。为了禳除邪气、躲避重九之厄，人们需要站在高处。因此，登高便成了重阳节最突出的礼俗。

“脚著谢公屐，身登青云梯”，为了登高，南朝宋诗人谢灵运特制了一种木屐，因其前后齿都可装卸，上山可去前齿，下山可去其后齿。谢灵运是一个身体和心灵都一直在路上的人，这木屐自然也不只是为了重阳登高而制的，但对于寻常人来说，这种新品可是重阳节的爆款。

因为参与者众，无论天潢贵胄还是寻常百姓，都乐于参加，故此不少登高野宴的佳话，也被载入了正史野史之中。

有一次，桓温在龙山举办重阳饮宴。时为桓温幕府参军的孟嘉，在聚会时不慎被山风吹落了官帽。这种场合之中，丢了官帽的失礼程度可想而知，但孟嘉完全投入到应酬中去，竟然不曾发现。

还好，桓温命人趁他如厕时为他捡回了官帽，还让孙盛作文记述这事儿。孟嘉是出了名的笔杆子，这下还不赶紧作文应答为自己加分吗？好了！一席之上，又是满座欢声了。“孟嘉落帽”这个典故，便用来形容才子名士的才思敏捷、风雅倜傥。

要说起登高的礼俗，除了可达到驱邪的效果之外，也颇有寄托情思的目的。

“强欲登高去，无人送酒来。遥怜故园菊，应傍战场开。”不妨借用唐人岑参《行军九日思长安故园》一诗来回溯魏晋南北朝时期，重阳节登高礼俗的深刻意义。当时，安史之乱未平，岑参于战乱中，登高遥望长安，既为大唐国祚而忧，又为百姓疾苦而虑，不禁忧心忡忡，黯然神伤。

这诗里还提到了酒和菊花，是引的陶渊明的掌故。话说，某次陶渊明在过重阳节时，没有酒喝，孑然闷坐于宅边的菊花丛中，直到江州刺史王弘一袭白衣送酒而至，才醉饮大笑。不过，岑参此时是没有心情的，这是反用典故了，但我们可以从中看出饮酒、赏菊和登高一样，都是重阳节的习俗。

不独陶渊明，魏晋文人墨客大多喜欢霜质高洁，又具有药用价值的菊花，因此，赏菊、赠菊、饮菊花酒，都是彼此表情达意的方式。比如，曹丕就曾赠菊于书法家钟繇，祝愿他身康体健，对方也以诗来回应，说“菊有五美”，是“神仙食也”。

盛唐王维吟道：“遥知兄弟登高处，遍插茱萸少一人。”诗中所说的佩茱萸的习惯，也是魏晋南北朝时期重阳节的一大时俗。要佩戴茱萸，除了插戴这种新方式之外，还有沿袭汉代，将茱萸切碎盛装香囊的做法。

作用何在呢？茱萸是可以除邪气的，还有一定的御寒的功效。

发展到后来，无论是南朝还是北朝，到了重阳节都会由政府组织戏射活动，而皇帝也会十分赏光地前来“领衔主演”。相对来说，北人勇武豪放，这戏射的规模也就更大，精彩程度也非南朝可比。由南入北的大诗人王褒，便曾在北周时参与过戏射，并写过《九日从驾诗》。

“射马垂双带，丰貂佩两璜”，想想当年的秋日风光，想想遒健的北朝儿郎，顿时觉得重阳节的温度都是滚烫的。

小贴士

【七夕的演变】唐朝时，“阑珊星斗缀珠光，七夕宫娥乞巧忙”；宋朝时，人们从七月初一开始置办乞巧用品，时间越近，乞巧市上越是热闹。魏晋南北朝时期穿针乞巧、喜蛛应巧的习俗，一直保留了下来，但细节有所改变。明清两代时，“投针验巧”的时俗开始流行，“以碗水暴日下，各自投小针浮之水面，徐视水底日影。或散如花，动如云，细如线，粗如锥，因以卜女之巧。”月下拜织女，是年轻人的节日礼俗，具有祈祷爱情婚姻幸福的意义。不过，纵观整个古代社会，几乎没有明确地将七夕视为情人节。

【中元节】相传，七月十五日，全部鬼魂将被释放出地府，因此祭祀鬼魂的活动，一向为民间所重。俗称为“鬼节”“七月半”的中元节，又被佛教称作“盂兰盆节”。在魏晋南北朝时期，有放河灯、焚纸锭的习俗，后世仍沿用下去。

第五章　一年到头，又除夕

“岁暮已云殚，春心不自安”，一年到头了，除旧布新的除夕又将来临，在此之前，魏晋南北朝时期，还有十月朔、冬至、腊日这样的节日要过。

朔、望、晦，分别是说每月初一、十五、月末，这是根据月相来命名的。到了十月一日，民间有一风俗，是用黍米和肉末做羹，称之为“黍臛”。

曾击鼓骂过曹操的祢衡，便曾在这日拜会过黄祖，当时黄祖正在船上，用黍臛款待宾客，哪知对方此时出言不逊，让他下不了台。要说这祢衡也是个没眼色的，明明看见黄祖已被气得七窍生烟了，还骂了人家一声“死老头”，最终惹来了杀身大祸。

在这时期，北方这边，却不吃黍臛，而是吃麻羹、豆饭，有尝新之意。可见，南北方在十月朔这日的时俗上各具特色。

不久后，便要过冬至了。冬至又名“一阳生”，是二十四节气中最早确定的一个，这得远溯至周公“土圭测景”选定洛邑基址的事。

总之，从冬至起，白昼日长，阳气回升，意味着新的循环开始了。因此，从周朝到秦代，冬至日都被视作每年的岁首。在汉武帝采用夏历之前，冬至都是元旦。所以，周代的正月拜岁就跟后世的十一月贺冬差不多。

这样的吉日，历来受到人们的格外看重，后来祭祖、聚餐等春节的习俗，早期是出现在冬至。直到今日，我们有时还称之为“小年”。不过，冬至作为节日而言，是随着正月概念的确立而盛于唐宋时期的，魏晋南北朝时的人们并不对此格外重视。

到了冬至这天，有个习俗是吃赤豆粥，这是因为，传说共工氏有一个逆子死于当日，死后其魂魄便会在这天骚扰百姓。不过，他也有个死穴，就是害怕红小豆。

相比冬至而言，人们更为看重的冬季节日，一是腊日，二是岁除。

因为传统的五德说，秉持着王朝各有一德，代代不同的观点，所以，由来已久的腊日，从来没有一个固定的时间。然而，根据《荆楚岁时记》的记载，“十二月八日为腊日”。很显然，这时腊日的时间已经确定了。

要说腊日的主题，还是祭祀和团聚。

这祭祀，除了要祭祖先，还要祭祀百神，特别是灶神。在明清时，人们认为灶神爷爷是喜欢吃甜食的，所以要用果子、豆腐、糖饼等物来孝敬他，顺便黏住他的嘴，不让他去天上讲人间短长是非。

这说道确实挺有意思，不过此时人们没这么狡黠，“其日，并以豚酒祭灶神”，看吧，好酒好肉好新意，灶神吃人的嘴短，也不好意思回去“嚼舌根”了。

必须注意的是，灶神原本也不是在腊日才祭祀的，《礼记》中提过，夏日主火，所以人们一直以来是在夏天祭祀灶神。自从东汉时，这情形就有了变化。

听说啊，有人在腊日当天，突然看见灶神出来溜达，心里一琢磨，赶紧把家中黄犬杀了孝敬过去。嘿！果然得到了福报——子子孙孙无穷匮也。

传说一经渲染，时俗自然也就有了改变，以荤腥为贡品的祭祀方式，也为人们所吸纳。

既然要祭祀祖宗、百神，人们当然应该以家庭为单位，因此，团聚的主题也很突出，而回不了家的人，在此时心里也是断难平静。

他们可能是一群身不由己的宦游之人，因此会写“腊节之会，廓焉独处。晨风朝兴，思我慈父”（三国江伟《答贺腊诗》）这样的句子。

他们也可能是一群失去自由的囚犯，被温柔敦厚的长官临时赦免，终于能够在这个特殊的日子举家团圆。这故事的主角不止一人，西晋的王长文（时为江源县令）、南朝梁的何胤（时为建安太守）都有过这样的善举。最后的结果也是极为正能量的，囚犯们都如期而归，并下定决心痛改前非。

在腊日里，除了祭祀和团聚这两大主题，还有一个小的主题，是逐除。《荆楚岁时记》中十分明确地记载道，“谚语：‘腊鼓鸣，春草生。’村人并击细腰鼓，戴胡头，及作金刚、力士，以逐疫。”

这个腊鼓，是因腊月祭傩驱疫时，必备的敲奏乐器而得名，此时的形制主要是细腰型。东汉高诱曾为《吕氏春秋·季冬》“命有司大傩”一句注解，说“今人腊岁前一日，击鼓驱疫，谓之逐除是也”。所以啊，魏晋南北朝时期逐除的风俗，还是承前而来。

让人愕然的是，这种腊鼓由于声音够响动静够大，到了宋朝，也时常为叫花子所用，更甚者还拿它来作恶。《东京梦华录》中就说过，“自入此月（腊月），即有贫者三数人为一伙，装妇人神鬼，敲锣击鼓，巡门乞钱，俗呼为打夜胡，亦驱祟之道也”。

腊月击鼓催春的风俗，因为种种原因没有在后世流行下去。那么，有没有一个节日，将逐除这类事儿列为重点，并传承下去呢？有的，这便是除夕。

与逐除作用相类的风俗，民间与官方有所区别。

南朝那头，人们会在天色暗下来的时候，把四块石头分别埋在屋宅的四角，这叫作镇宅。不仅如此，他们在家里，还会焚烧辟瘟丹，或者是苍术、皂角、枫、芸等香料，以达到增益阳德、驱赶湿邪之气的作用。

刚刚说的，不过是民间的逐除方式。南朝朝廷一般在腊日头一天，要举行大傩（逐疫）的仪式来祛邪避病。北魏朝廷也搞这一套，并且那阵仗闹得更大，还将这时间移到了除夕之前。做这件事的人，是文成帝拓跋濬，“和平”是他使用的最后一个年号。《魏书》中有明载，说北魏在和平三年（462年）十二月，举行过大规模的大傩之礼。

有多大规模呢？步兵、骑兵各自列阵于南北两边，按照一定方式互相斗法竞技，最后南败而北胜。其实，步兵并不一定逊于骑兵，这样的结果本来就是按照“剧本”去演的。在那个南北朝彼此对峙的时代，大家都跟饿狼猛虎似的，一心想吞掉对方。所以，象征南朝的步兵怎么能不“输”呢？

东西两魏以及后来的替代者北齐、北周，都不同程度地沿用了这种做法，并各具特色。要说啊，大傩早在秦汉时便已产生了，在民间击鼓驱疫时，也就是逐除时，宫廷中会纠集百余童子充任侲子，并让中黄门化装成方相和十二兽，声势浩大地去逐疫。

“欢呼，周遍前后省三过，持炬火，送疫出端门；门外驺骑传炬出宫，司马阙门门外五营骑士传火弃洛水中。”《后汉书·礼仪志》对此记载得十分详尽。总的说来，南朝对秦汉大傩形式的继承，更忠实一些，北朝则显然在此间融入了鲜卑族的特色。

今人除夕聚餐之时，餐桌上都喜欢摆上鲜香可口的鱼，这意味着“年年有余”。在魏晋南北朝时期，人们的想法差不多，做法却不一样。他们除了会洒扫门庭除旧清秽，还特意要将餐桌上的饭菜留下一部分，这叫作“宿岁饭”。

不过，这剩饭他们是不吃的，要等到新年过完之后，撒到外边来再次表达除旧迎新的愿望。既然说到迎新，不可不提的自然是前文说过的一应仪式了。在新旧交加之时，除夕夜必须得为次日做足准备，不然到时岂不会手忙脚乱？南朝梁庾肩吾在《岁尽应令诗》中说“聊开柏叶酒，试奠五辛盘”，便是对这种做法的形象记述。

同为南朝梁诗人的徐君倩，也在《共内人坐夜守岁》一诗中，说及他与夫人过除夕守岁的情形。这首诗读来特别温馨，一句“欢多情未及，赏至杯莫停”，已让后人感受到过年的火热气氛，再看看“酒中喜桃子，粽里觅杨梅”，不难想见夫妇俩所饮之酒，有哪些配料。

这一夜，一定得守下去，守到“帘开风入帐，烛尽炭成灰”，方可罢休。时间也得掐算好，晓光不翩翩而至，他们是不能睡的。等到晓光来掀眼皮的时候，新的一年终于来了，新的希望也跟着来了。

小贴士

【社日】所谓“春祈秋报”，魏晋南北朝时期，一年中至少有春秋两个社日，但《隋书·礼仪志》中记载道：“每仲春仲秋月之元辰及腊，各以一太牢祭焉。”可见，这时的社日有三次之多。在社日，统治阶层要封土筑坛，坛上还要植种社树，但在民间人们则不然，人们对社树的重视程度非比寻常，甚至将之直接称为“社”。当日，人们会彼此相邀，预先带好酒肉，再在大树底下搭建棚屋，先祭社再享用祭品。

【冬至】在唐宋时期，已经将冬至作为祭天祀祖的重要日子。如无特殊原因，皇帝要到郊外参加祭天大典，百姓则要祭拜祖先。特别是在明、清两代，“冬至郊天”是头等大事。不仅皇帝要亲临，百官方面还要上呈贺表，互相投刺相庆。在《金瓶梅词话》中有这样的一段，“西门庆道：‘请问亲家，你晓的我还等冬至郊天毕回来，见朝如何？’翟谦道：‘亲家，你等不的冬至圣上郊天回来。那日天下官员上表朝贺毕，还要排庆成宴，你每原等的？……’”

第二辑　鲜衣美服，丽色艳妆

第一章　侧帽也是一种时尚

一直以来，就有“歪戴帽子斜穿衣，长大不是个好东西”这句俗语，要说这话啊，其实也挺有道理的，因为，一个仪容仪表端正的人，总能给人稳重可靠的印象。不过，您可曾想象，在一千五百年前，西魏曾一度流行过一种戴帽的时尚——侧帽。

要是那时有类似于《时尚先生》的报刊，我们有理由相信，北魏末期一个叫作独孤信的美男子，其见报率会高得让粉丝发狂。作为一个武将，长得美已经很难得了，打扮又新潮又酷炫，想不红都难。

《周书》和《北史》中都有明载：“信既少年，好自修饰，服章有殊于众，军中号为独孤郎。”不过，这不是独孤郎本人最为传奇的一幕。最传奇的那幕，还在于后来北魏两分后，独孤信在西魏秦州留下的风流韵事。

“又信在秦州，尝因猎日暮，驰马入城，其帽微侧。诘旦，而吏民有戴帽者，咸慕信而侧帽焉。其为邻境及士庶所重如此。”这是说，在大统年间时，陇右十州大都督、秦州刺史独孤信，曾在日暮时分匆忙入城，蓦然间风吹帽侧，引得满城百姓心底怒赞一声帅呆酷毙，第二天就开始纷纷效仿。

有意地“好自修饰”，被美称为“独孤郎”；无意间“其帽微侧”，引得众人“咸慕信而侧帽焉”，都是一个人魅力指数的绝佳体现。也许，换一个人，侧帽的时尚潮流就未必能被带起来，而据我所知的是，这种魅力已经被凝固于时人的打扮上、后世的诗文中，这都不算传奇，什么才算是呢?

还有一个故事，可以看成是“侧帽风流独孤信”的翻版，这人叫郭泰，时代比独孤信还早很多，是在东汉桓帝时。郭泰身为当时赫赫有名的名士，其一举一动也时常为人所效仿。某次，他的头巾被突来的阵雨打湿了，一只角竟折了下来，造成了脑袋上头巾高低不一的模样。郭泰本人对此是无知无觉的，但他这样的造型看在别人眼中可是气度非凡的。于是，很多人便依样画葫芦，刻意为之。这个故事，一时间也传为美谈。

魏晋南北朝时期的士大夫们，家居时一般不戴冠帽，一般戴巾和帢。如我们在影视剧中所见，百姓们也是可以戴巾的，只不过其质地和款式有所区别而已。所谓的“林宗折巾”指的便是士大夫和读书人所戴的巾。这个“林宗”，正是郭泰的表字。您看，郭泰无意之间，一举手一投足都影响着后世，甚至带动了时尚风潮，这种偶像效应可比今日来得更烈——如果从影响的持续时间来看。

刚刚也提到一种家居时所戴的帢，之前提过的女权主义者傅玄著有《傅子》一书，其中提到，“汉末王公，多委王服，以幅巾为雅……魏太祖以天下凶荒，资财乏匮，拟古皮弁，裁缣帛以为帢，合于简易随时之义，了色别其贵贱，于今施行。”

根据这个描述，这个帢无疑来自于曹操的发明。既然帢产生的原因，是“天下凶荒，资财乏匮”，那么其所用缣帛也是能省则省。帢的原型是皮弁，这是一种用白鹿皮制成、形似合手的冠。在皮制的冠衣上，缝隙之间会被缀上珠玉宝石，《诗经·卫风·淇奥》中，说“会弁如星”，指的是卫武公（有争议）皮弁上的宝石灿如星闪的情形。

与皮弁有别的是，帢是由帛缝制的，初期本用于军队中，渐渐流行于世。当然啦，这种简便版本的皮弁上面，肯定是不会镶宝缀玉的。为了区分帢的前后，他们在脑门前那块加了一条线缝。这么一来，帢也叫作“颜帢”。

发展到南朝宋文帝刘义隆（“元嘉草草”的主人公）的时代，时人将颜帢上的缝给拆了去，便称之为“无颜帢”了。再往后，帢没有很好地传承下去，逐渐演变成了丧服冠，用于葬礼之上。

不过，一般来说，我们还是认为帢是介于帽和巾之间的一种首服。所谓“首服”，是人们对一切裹首之物的泛称，也可称作“头衣”“元服”。巾、帽、冠都囊括在其间。

相对来说，巾是为了便于劳作而产生的，毕竟披头散发是失礼的事，他们很需要将其包裹起来；帽（包括羃离）是为了御寒或遮蔽的，是出自实用的目的。

简单地说，在魏晋南北朝时期，人们都有戴纱帽的习惯，这种趋势是从南方发展到北方的。纱帽的形制较为随意，“或有卷荷，或有下裙，或有纱高屋，或有乌纱长耳”。

为区别身份，帝王戴的是白纱帽，大概是为了衬托帝仪，纱帽上部做得较高，所以其别称为“高顶帽”；而南方的士庶和北方的官员戴的是乌纱帽。

不过，虽说白纱帽是帝王的专属物，但在史书中，我们却能找到一个反例。南朝齐著名将领垣崇祖，当年与北魏军激战，“著白纱帽，肩舆上城，手自转式”，但这种疑似僭越的行为极为少见，其因也无法明察。只是，联系事前齐高帝萧道成对他自比为韩信、白起说法的高度信任，个人倒觉得垣崇祖能戴白纱帽，很可能是出于帝王的特许和激励。

总之，垣崇祖此时不负君望，事后进号为“平西将军”，增封为一千五百户，自己又去御前求了一部鼓吹（乐队）——也是有些倚功而贪啊！

与纱帽由南传北，影响了北方高层的情况相似，北方的鲜卑帽也渐渐为南方人民所接受。鲜卑帽的别称为突骑帽、长帽、大头垂裙帽等，从大头垂裙帽这个别称上不难想见，这种帽子有着下挂垂裙（披幅）的形制。参照封氏墓群出土的北魏武士陶俑，我们可以看见那是圆顶、脑后和两侧悬裙的模样。

本是起着遮挡风沙作用的鲜卑帽，在北魏孝文帝汉化步伐下，终于还是逐渐被汉族冠冕所取代，只有在北魏分裂后，东魏、北齐那边，因执政者有意掀起反汉化浪潮，鲜卑帽才重新流行起来。西魏后期，鲜卑帽也曾流行过一段时间，这和实权统治者宇文泰的“身体力行”（据说是用垂裙来遮挡脖子上的瘤子）有关。

当然，这种情况维持得并不长。因为，北周终于灭掉了北齐，完成了北方的统一。北周的执政者也是鲜卑人，但发展到后来，包括编发在内的一些鲜卑习俗都已改变，帽上的垂裙自然也没有存在的意义了。故而，垂裙渐渐地被人们用带子勒了起来。

大多数人都认为，北周武帝宇文邕从这个做法上获得了灵感，于是用三尺皂绢或罗，从前往后裹发。为方便起见，这个巾角要一分为四，“幞头一谓之‘四脚’，乃四带也。二带系脑后垂之；二带反系头上，令曲折附顶，故亦谓之‘折上巾’”。北宋沈括在《梦溪笔谈·故事一》中所说的幞头，是唐时才有的名称，在北周时它被称作“帕头”。

暂时撇去宇文邕的历史功绩不谈，仅仅是作为流行千余年的幞头雏形的发明者，他的名字都值得被后世铭记。

刚刚说的鲜卑帽，是不能遮蔽主人面容的，那时非常流行的一种幂离，在这方面则严实得多。《新唐书·车服志》中说：“妇人初施幂离以蔽身……”幂离类似现今的方巾，材料为缯帛，用以遮蔽全身，原为胡服，隋唐之世妇女作为蔽体。

直到唐高宗永徽年开始，“薄纱掩至颈”的帷帽才代替了羃离。回顾历史，正是在羃离的掩饰下，隋末李密才能“著妇人衣，戴羃离，藏刀裙下”，搞成偷袭；汉王杨谅才能“使兵士服妇人服，戴羃离”，酿出兵乱。

不过呀，羃离自从男人们骑马时遮挡风沙的功用中退化下来，主要还是作为北朝贵妇们外出遮蔽形体的服饰，已经在一定程度上脱离了帽的概念。

当年，秦王杨俊特地给王妃郑氏做了一顶七宝羃离，以大秀恩爱。想象一下或红或紫的绢罗面纱，再想象一下珠翠琳琅的耀目光泽，这自然比李密、杨谅所带来的杀戮之气，来得赏心悦目多了。

小贴士

【乌纱帽的发明者】据说，乌纱帽的形制，来源于南朝宋建安王刘休仁。当时，他将黑纱四边抽扎起来，做成一顶小帽，戴在头上出门溜达。很快，乌纱帽便掀起了时尚浪潮。不过，自从马王堆汉墓被发掘，考古人员发现了状如泳帽的乌纱帽后，这个说法几乎可以推翻了。

【乌纱帽的意味】乌纱帽发展到隋朝，具有比较明确的官服的意味，但是民间仍可穿戴，隋文帝杨坚也很喜欢。直到明太祖朱元璋在洪武三年明文规定，文武官员必须在公开场合戴乌纱帽、穿圆领衫、束腰带，乌纱帽才真正成为官员的独有标志。因此，用“乌纱帽”来代指官位，也就成了习惯。“丢掉乌纱帽”自然也具有“削职为民”的概念了。

第二章　上有冠，下无履

在《离骚》中，屈原有个经典动作，是“高余冠之岌岌兮，长余佩之陆离”。因此，其峨冠博带，长剑在手而四顾茫然，忧悒地伫于江畔的形象早已深入人心。

早在黄帝垂裳制天下之时，冠就已经产生了。因着“峨冠博带”一词已成为华夏衣冠的代称，男子冠礼（女子笄礼）又是汉民族的成人礼，所以如果要在首服中挑选一种最具代表性的，一定是冠。

男子二十弱冠，士人用冠，庶人戴巾。相对来说，冠的流行比巾的普及要早一些，主要集中在先秦和两汉时期。作为身份的象征，冠无疑是被纳入了礼法体系之中，故此，当冠而不冠便是一种“非礼”，至少会受到舆论的炮轰。所以，子路坚决要保持衣冠完整，并为此“结缨而死”，并不是傻啦吧唧的行为。

巾和帽较为接近，在汉末时已流行到文人武士都以之为燕居雅尚的程度。在魏晋南北朝时期，这风气也仍然存在，可是，在正式场合，需要庄重氛围的情况下，士人官员们都会依照规矩戴上一顶适用的冠（包括冕），用来与合宜的礼服（衮服）或公服相搭配。

冠的种类是极多的，先来说说皇帝所用的通天冠和远游冠。

从用途上来说，前者是在朝会时所用；后者则不然，并且皇太子和宗室诸王，也有资格用它，且用得更多。再从形制上来说，前者形如山，“高九寸，正竖，顶少斜却，乃直下，铁为卷梁，前有展筩，冠前加金博山述”（《晋书·舆服志》），冠前的金博山十分醒目；后者形制与之相似，但一般无金博山，仅有展筩（两侧和中间透空的锐角斜俎形）而已——南朝梁太子萧统大婚时倒是特例，不过，依照梁武帝“过分”重视亲情的习惯，这个似乎并不难理解。

顺带说一下西晋时皇帝的冕，它们由冕板、冕旒、冠圈、玉笄、充耳等部件组成，皇帝一戴上去，甭管长成啥样的，都自然被装点出了一派慑人的贵气。冕旒的质地，每个朝代都不尽相同。

比如，三国和西晋的冕旒打破汉制，用珊瑚珠；东晋则先后用过翡翠珊瑚杂珠和白璇珠。此外，宇文邕本来很有希望统一南北方，哪知天不假年，其继任者宣武帝宇文赟又是个难得一见的逆子，不仅把朝政搞得乌烟瘴气，还封了五个皇后，增多了一倍冕旒。

好了，宇文赟蹦跶的时间并不长，这些荒唐的制度维持得也不久，但是北周王朝由此迅速陨落，很快为隋所替，想想他宇文邕的宏图伟业，真是让人不得不唏嘘怅惘。

说罢通天冠和远游冠，再来看看进贤冠。它是文官的主要冠饰，但五梁的那种是属于皇帝专用的，其余人等，分别由三梁、二梁、一梁的进贤冠来区分等级。这样一来，谁是三公侯爵，谁是诸卿大夫，谁是低等文官，一目了然。进贤冠自从诞生以来，形制一直都有变化。

文官戴进贤冠，武官和皇帝的侍臣则要戴武冠。

武冠又名武弁、笼冠，根据《晋书·舆服志》的记载，侍中和散骑常侍的武冠上，要加金珰，附蝉翼一般的纱料，插以貂毛，并且前者要插黄金竿在左，后者要插黄金竿在右。正因武冠上有貂有蝉，便有了以“貂蝉”指侍臣所用冠饰的代称。

有关于此，最有名的一个掌故莫过于“貂不足，狗尾续”。这说的是，西晋“八王之乱”中的一个临时获胜者赵王司马伦，在篡位为帝（仅四个月）后，每逢朝会时冠饰貂蝉——夹杂了狗尾巴——之人不可胜数。这是为何？因为司马伦滥加封赏呗，“奴卒厮役亦加以爵位”，这貂尾能够用吗？

值得注意的是，武官所用的武冠，也是可以插貂毛的，但却不加黄金竿。守卫皇宫殿门的卫士，一般不戴武冠，樊哙冠、却敌冠都是他们专有的冠饰。一听樊哙冠的名儿，便不难想象这名儿有着对樊哙表达敬意、鼓震卫士们勇武之气的目的——当年樊哙以布包铁盾戴头上，最后救出了主公，的确可钦可佩。这却敌冠呢，“前高四寸，通长四寸，后高三寸”，样子和进贤冠有些相似。

要戴冠，其讲究比戴巾帽复杂得多。

首先，他们得用帻也就是头巾包裹头部。其中，文官所用之帻较长，称为“介帻”；武冠所用之帻较短，名之为“平上帻”。

加冠时，笄或簪都是要用的，起到固发的作用。很显然，单用笄簪的法子肯定不够稳妥，先前说过的子路“结缨而死”的那个缨，便是在冠圈两旁的丝绳。着冠者可以用丝绳在颔下打结，打结后垂下的部分，便叫作緌。

正因为簪缨为维持冠饰的重要部件，因此一直以来都可代指高官显宦，如果一个人家里接连几代这样下来，就成了仕宦之家，被人们称为“世代簪缨”。

南朝宋诗人鲍照说，“冠盖纵横至，车骑四方来。素带曳长飙，华缨结远埃”（《代放歌行》），当年簪缨贵族们的排场和风度恍在眼前，令人不觉间已是浮想联翩，为之沉醉。

魏晋南北朝时，物质与精神文化的大碰撞，反而令其在衣冠上，上承汉晋下启隋唐，别有一番意义。回首史籍，“峨冠博带，风流相放”的情致，令人神往不已。

冠饰的讲究不少，而脚上的规矩也挺多，从头到脚的事，其实都得格外经心。但凡古人相见，几乎都是脱掉鞋子再入席的，这便是起码的规矩。此规矩不但是出于人们席地而坐，须得保持室内洁净的原因，也意味着尊重和礼貌，延展至正式的朝圣和祭祀场合，自然更加不能例外。按照礼制，掾吏面见丞相，也必须去履跣足。

汉末时，蔡文姬最后一个丈夫董祀在做屯田都尉时，犯法当死。文姬急匆匆地去求情时，就是一副“蓬首徒行，叩头请罪”的样子，曹操为其免罪后，怕她着凉，便赐以头巾履袜。

东晋时，谢玄在夏夜脱履而眠，到了第二天早上，谢安突然造访，时间这么紧急，谢玄穿外衣都有些来不及，遂光着脚丫子跑出屋外，忙不迭地请安。结果谢安对他侄儿打趣道：“汝可谓‘前倨而后恭’。”很显然，入室脱履，也是魏晋南北朝的时俗。

要说不须脱履的情况，肯定也是有的。比如在汉朝时，萧何就有“剑履上殿”的资格。到了魏晋南北朝时，权臣一旦加以九锡（九种礼器，一般唯天子可用），为表特殊身份，皇帝也会特许他们“剑履上殿，赞拜不名”。桓温一生心心念念要一套九锡，但终于被谢安给拖死了，这对他本人来说的确是个大遗憾了。

《三国演义》中说“董卓为相国，赞拜不名，入朝不趋，剑履上殿，威福莫比”，除了反映其所获之优遇以外，也表明了自己的看法——“威福莫比”可不是什么好词儿。

这种优渥的待遇，到了唐末以后便不存在了，因为时移世易，这时除祭祀以外，百官入朝，都会穿履着靴，不必以脱履的形式表达对君王的敬意。印象中，唐末朱温在篡位之前曾得到“剑履上殿”的待遇，之后史籍中没看见过这样的记录。

履，最初被称为“屦”，“舄”也是它的别称。根据西晋崔豹的《古今注》，“舄，以木置履下，干腊不畏泥湿也”，舄除了泛指一般性的鞋，更可专指木底的鞋。从这一点来说，魏晋南朝人所穿的木屐就跟这个较为接近了，当然，木屐整个儿都是“以木为之”的，“施两齿，可以践泥”，是木屐极为方便之处。

先前已说过谢灵运对木屐的改造，还有一个极为有名的小故事，与他的长辈谢安有关。那会儿，谢安在听闻晋军在淝水之战中大败前秦的捷报时，先是淡定地与客人下棋，没啥反应，直到下完了棋送走客人，他才欢喜得一跃入内，一不留神竟把屐齿都磕断了。

每读至此，都觉得谢安这个从容始终的男子，反而因此多了几分轻悦可爱之气。

因为气候和习惯等原因，与此同时，北人自然是不会穿木屐的，他们穿的是靴。这种皮质的长筒鞋，不仅用于日常生活中，也用于军队行伍间。可以说，上有鲜卑帽，身有圆领缺骻袍（衣身两侧开衩），下有长筒靴，便是北人的典型形象。

小贴士

【剑履上殿】剑履上殿，是说穿鞋佩剑直入殿堂。与之同时被御赐的，一般是“赞拜不名、入朝不趋”的资格，前者是说臣子面君时，赞礼的人不直呼其姓名，只称官职；后者是说臣子入朝不必以急步而行表示恭敬。古代获得这些殊遇的人，大致有曹操、司马懿、司马师、司马昭、王导桓温、尔朱荣、高欢、宇文泰、李渊、朱温等人。

【袜子】如曹植《洛神赋》中“凌波微步，罗袜生尘”的描写，丝织的袜子即罗袜已经产生了，但在此时期，袜子以麻布、帛、熟皮等为主料，且上有系带。时人在室内一般只穿袜子，但在江南等气温较高之地，人们更愿意赤足居家。

第三章 当褒衣博带，遇上胡服劲装

鲁迅在《孔乙己》中，描述孔乙己“是唯一一个穿长衫，站着喝酒的读书人”。这句话当然不是闲言，举凡长衫者皆有相当的身份地位，岂能如着短衫的下等人一样站着喝酒。在魏晋南北朝时期，寻常百姓、士大夫、皇族宗室也都各有各的穿衣规范。

旧时王谢堂前燕，不历沧海桑田，是不会飞入寻常百姓家去的。在魏晋的屋檐之下，当短衣百姓还在田间劳作时，士大夫们的生活，却已是佳话频生，引人遐想。

话说，王献之的墨宝向来都为时人所重，有一位少年思而不得，正在苦恼之时，突然从别处得到了灵感，于是，便穿上一件精致的白纱长外衣，前往拜会。见到这情形，王献之激动不已，就跟他老爸看见带给他艺术灵感的白鹅一样，两眼放光。

脱下纱衣，任其纵笔恣意。一时间，竟“草正诸体悉备”，延至双袖、衣缘。少年看得心花怒放，脑子一热抢了就跑，却没想到，争抢中他只得了一只袖子——好东西见者有份，何况一人腿短，数人腿长，您想一人独吞，门都没有。

要说这少年从哪儿得知王献之喜欢白纱衣的呢，还得来看《宋书》中的一段记载：“（羊）欣时年十二，时王献之为吴兴太守，甚知爱之。献之尝夏月入县，欣著新绢裙昼寝，献之书裙数幅而去。欣本工书，因此弥善。”

看看，这风度，这格调，真是惬意得很呐。

暂抛此事不谈，光来看这少年的白纱衣。您想啊，王献之能在那上面挥洒墨意，想必其面料所用不少，由此不难想见，传说中魏晋褒衣博带的时俗。在《宋书·周朗传》中，曾提到传主“一袖之大，足断为两；一裾之长，可分为二”。

也正是因为这个原因，贵族们出行时，往往是平展双臂由人搀扶，裙裾奇长由人携提，身周的随从们，还带着各式器具。相信大家都感觉到了，这样出行虽说气场足了，但难道不累赘吗？实际上啊，当时魏晋南朝的那些贵族们，平时所穿的官服不是这样的。

先说说祭祀。在这种正式场合，皇帝穿的是“衣画而衣裳绣，为日、月、星辰、山、龙、华虫、藻、火、粉米、黼、黻之象，凡十二章”上衣下裳的衮服，诸王及三公九卿陪同在旁，也要身着衮服，只是呢，如《晋书》中所载，为了区分其间，从魏明帝曹叡时起，就兴起了“天子服刺绣文，公卿服织成文”的规矩，这也就是说，臣子们的衮服只能用织锦花纹。

在朝会和其他场合，皇帝一般穿袍服，多为绛色，青、赤、黄、白、黑色的纱袍，被视为杂服，根据不同场合、不同需要去穿戴。皇帝有五色纱袍，大臣们也是有的，具体的做法却是随时序而变——春则青，夏则朱，季夏则黄，秋则白，冬则皂（无亮光的黑色）。

要注意的是，这么讲究的穿法，主要还是对上层官员来说，而且到了南朝宋时，地位低的官员可以只备一色的朝服，不用当“变色龙”。

此外，五色朝服虽在，但臣子们多爱朱服，并不全然照做，于是在文官队列中，渐渐形成风气。中国人向来爱用借代手法，一来二去的，“朱衣”就成了文官的代称，并对后世影响深远。到了南朝梁初期，便连皇太子和诸王都只穿朱衣上朝，可见时移世易，风尚也随之而变的常理。

我们都知道，明朝对服饰礼仪，是有不少讲究的，稍不留神就容易僭越招祸。而服饰礼仪逐渐法律化，其实是在魏晋南北朝时期。比如，官员坐堂办公须穿官服，民间也不可随意制作奇装异服。再如，《晋令·服制令》中对二品以上官员，才可配饰如山鹿、白豹、游毛狐等珍罕禁物这样的条例，也是很严格地做过规定。

总的来说，魏晋南朝男子的服饰呈现交领衣长、袖根窄袖口宽的特点，贵族女子们则在衣长曳地之外，特意强调束腰之美。由于受到北朝的影响，她们一方面承袭秦汉遗俗，上身穿衫、袄、襦，下身穿裙子；另一方面，则大方地吸纳异族服饰元素，将女服款式做得上俭下丰，折裥裙也极为俏美，条纹间色一度成为时尚。

当然，由于劳作的原因，寻常百姓的服饰则是短、瘦、窄的，且一般用麻来织造，被唤作“白衣”。白衣自从成了平民的专属穿着后，五代时王定保又在《唐摭言》中说“缙绅虽位极人臣，不由进士者，终不为美，以至岁贡常不减八九百人，其推重谓之‘白衣公卿’，又曰‘一品白衫’”，这之后，才有北宋柳永“风流才子占词场，真是白衣卿相”的自我标榜。

这可以说是在失意情状下的强作风流之态。魏晋南北朝时期的百姓们可不是什么尚未发迹的读书人，他们往往被贫困的生活绊住手脚，有时连裤子都没得穿。比如，东晋玄学家、训诂学家韩伯，其母殷氏在大寒时节刚为他做了袄子，却没有余钱再为他做夹裤了。

这时，韩伯年纪还小，殷氏让他帮拿熨斗，安慰他说以后再做夹裤，他却说，火在熨斗当中，熨斗柄已是热的，所以他只要穿了短袄，下身也同样会暖和起来。一个孝顺懂事，且长于思辨的孩子，日后果然长成了一个出类拔萃的才士。

在魏晋南朝上层流行褒衣博带的时候，北朝那边的服饰特点则可以“胡服劲装”一词来作概括。可能因为隋唐王朝的统治者，多数来源于西魏北周的关陇贵族，因此北朝衣冠较之南朝，更有“上承汉晋下启隋唐”的意义——当然，东魏北齐的服制也有遗存。

说及隋唐男子的装束，幞头、圆领衫、缺骻袍、革带和靴子，这可以算是一身标配了，而这种标配，就是来自于北朝。南宋理学家朱熹都在《朱子语类》中写道：“今世之服，大抵皆胡服，如上领衫、靴、鞋之属。先王冠服，扫地尽矣。中国衣冠之乱，自晋五胡，后来遂相承袭，唐接隋，隋接周，周接元魏，大抵皆胡服。”

言语之间，朱熹对此似乎是大为不满。数百年后的朱熹且如此，更不要说当时的南朝人士了。话说，在南朝梁天监年间，褚緭来到了北魏。原本宣武帝元恪还是有意重用他的，但这人参加了朝会后，却口出戏言激怒了大家，最后得到“出为始平太守”的“待遇”。他吟了一首诗，诗曰：“帽上著笼冠，袴上著朱衣。不知是今是，不知非昔非。”

意思就是，你们魏朝学咱们汉人，能不能学全套啊？笼冠学咱们的，朱衣学咱们的，这很好，但是——你们的朝服样式，根本和我们不同，是在原来的裤褶的基础上改成的，这般不伦不类，真是笑煞老夫也！

这里暂且不评价褚緭的戏语和北魏人的自尊心，只说一说裤褶和北朝另外一种爆款——裲裆。裤褶和裲裆，是由战国时的胡服演变而来的样式。虽说它们本来主要作为戎装，用于北朝军队之中，但已慢慢流行于民间，成为便服了。

所谓“裤褶”，上衣为衣紧而窄，对襟而开长仅及膝的褶，下衣为用锦带截为几段，在膝盖处扎住裤管的缚裤。裤褶之上还有束腰，多用皮带，有的也用蹀躞带——在玉带板之下，可挂载小物件的玉带。

值得注意的是，胡服一般为左衽袍，也就是衣襟向左掩，与汉人的右衽截然不同，那么，汉人便从不用左衽袍吗？用，当然用，死人穿的上衣便是如此。所以，北朝服装的这个特点，也招来了南朝人的不少白眼。

所谓“裲裆”，则是指一种用布帛缝制的，胸背各有一片的服装，大多数中有夹棉，利于保暖。在这一点上，后世的马甲倒与之极为相似。但不同的是，裲裆上有皮制的搭襻，在肩部将胸背两片连缀起来，而且腰间还有一条皮带，马甲可不是这样的。

总的来说，北朝人衣裳分制的服装样式迥异于传统汉服，一时间不为南朝人所理解和接纳，其实是可以理解的。不过随着南北方融合程度的加强，慢慢地，褒衣博带、高冠大履和裤褶、裲裆也不再泾渭分明。

在北齐杨子华的《北齐校书图》中，北齐的士大夫们正在进行“散发裸身之饮”，但他们这身头戴纱纶巾、身穿薄纱衫子里衬着“背背佳”（薄款裲裆），外加白绢裙的行头，是颇有些魏晋风度的。

“（晋）惠帝元康中，贵游子弟相与为散发裸身之饮，对弄婢妾”，这样的放旷佻荡的模样，竟然也出现在北齐名画中，这自然是文化合流的一种表现了。

小贴士

【男人穿女装】魏晋南北朝时期是一个看脸的时代，不过，他们所崇尚的男性美，是近乎女性的阴柔之美。因此，诸如傅粉何郎之类的男子，不仅傅粉，还“行步顾影”“好服妇人之服”，这种风气在后世是很少出现的。

【铠甲】当时，铠甲的形制主要有三种：一是在东汉铠甲的基础上发展而来的筒袖铠，其特点是由鱼鳞纹甲片或龟背纹甲片穿缀成前后相接的身甲，当肩处有筒袖，同时，士兵们还需戴上护耳的兜鍪；二是形制与裲裆相似的裲裆铠，要配合兜鍪和裤褶穿戴，其长条形或鱼鳞形锁甲的甲片，一般是用金属、皮革的材料，铠甲的里面往往衬有裲裆衫；三是明光铠，因其被打磨得十分光亮，会在日光下反射出耀目的明光而得名，其质为金属，其形为圆形，位于胸背之处，至于形制，有的叠加于裲裆之上，有的则与护肩、护膝一并穿戴。

第四章　步摇的前世今生

很多人都觉得，复姓比起单姓来，显得拉风许多。比如，“慕容”听起来格外悦耳。这个姓氏本出于鲜卑族。根据《三国志》和《晋书》的相关说法，当时“涉归为鲜卑单于，自云：‘慕二仪之德，继三光之容。’或云：‘冠步摇，音讹为慕容。’”

这个“或云”，根据《晋书·慕容廆载记》中“时燕代多冠步摇冠。莫护跋见而好之，乃敛发袭冠，诸部因呼之为步摇。其后音讹，遂为慕容焉”的描述，不难想知，步摇冠是男女皆可戴的，这个和唐朝时“云鬓花颜金步摇”的女子专属发饰，完全不同。

步摇，与簪、钗这两类簪插饰物一样，具有强烈的装饰效果，因其簪首上垂着流苏或坠子，行走起来，亦步亦摇，故有此名。此间，金制的步摇较为常见，所以，说起步摇来，人们脑里的第一印象，便是影视剧中龙凤造型，其上缀着明晃晃珠玉的金步摇。

但其实，步摇在古代并不一直是龙凤口中衔垂珠的样式。

早在先秦时期，就已有了类似步摇的发饰。东汉郑玄对《周礼·天官冢宰》里“追师掌王后之首服”的相关记载，注解为“副之言覆，所以覆首为之饰，其遗象若今（指汉朝）之步摇矣，服之以从王祭祀”。可见，这种发饰最初是殷、周两朝王后礼服的配饰。

至于“步摇”之名，初见于文字，还是在战国宋玉的《讽赋》中。赋中的“垂珠步摇”，走到汉朝时，便有了“黄金为凤，下有邸，前有笄，缀五采玉以垂下，行则动摇”的新造型。

翻开《后汉书》和《西京杂记》，可以看见邓太后赐赏冯贵人以步摇，和赵合德为赵飞燕册后之礼送去“五色文玉环、同心七宝钗、黄金步摇、合欢圆珰”的记录，可见，即便到了汉朝，也不是任意一个嫔妃都有资格享用步摇。

及至魏晋南北朝时，这种情形就有些不同了。

您看，东吴末帝孙皓为了让宫女们都有金步摇可以服用，竟然弄得“工匠因缘偷盗，府藏为空”，蓦然间就把步摇从“神龛”上拉下来了。不过，“步摇、蔽髻，皆以禁物”，在两晋，从法令上来说，步摇也只限于后妃命妇才能服用，它还是对民妇说“NO”的。

接下来，南朝宋也是如此，并对此三令五申，限制极严。然而，在那个时代，政权更迭之频繁，有如家常便饭，因此，民间女子偶有服用，也未必真有人对此上纲上线。

已经出土的汉朝金步摇，上有葳蕤披垂的花叶、嘴衔圆形金叶的小鸟，模样十分可爱，这应该是供给贵妇们服用的。为了体现等级差别，汉朝皇后所用的步摇形制，自然还是要与之区别开来——以龙凤或六兽［熊、虎、赤罴、天鹿、辟邪、南山丰大特（丰水中的大公牛神）］之形为主体，更能体现威仪。

在两晋时，皇后所用的步摇形制与之相似，依然是“八爵（雀）九华（花）”，但爵上的饰件略多一些。因着饰件繁复，晋朝的步摇又有“珠松”之称。接下来，整个南朝、北齐，以及隋朝也都沿袭晋制。

虽说各代的禁令不是太管用，但限于经济条件，步摇在那个大分裂时代不可能成为流行款，因而相关的诗文不多，但少归少，总还是有的。南朝梁文学家沈约的孙女沈满愿，就曾经作过一首《咏步摇花》。

珠华萦翡翠，宝叶间金琼。
剪荷不似制，为花如自生。
低枝拂绣领，微步动瑶瑛。
但令云髻插，蛾眉本易成。

诗歌很美，里边“宝叶”和“为花如自生”的描述尤其值得注意。

很幸运，我们能在《女史箴图》中，看见彼时贵妇们所用的步摇形制，两件一套垂插发前，底部的基座上有弯枝与摇叶。看见了吧，魏晋南北朝时期的步摇，是花枝悬缀摇叶样式的，这样式直到唐朝，才为系坠于簪钗上的新样式所替代，并印刻在今人的脑海里。

如前所述，魏晋南北朝时，官方是禁绝民妇使用步摇的，但是女人都是爱美的，她们对步摇的渴慕之心，倒是和今天的美眉的钻戒情结有得一比，于是，到了唐朝时，步摇就不可阻地飞入寻常百姓家了，宋朝的步摇还有“以银丝宛转，屈曲作花枝”的造型，较之从前又有了区别。

除了步摇，魏晋南北朝的女子们，还有不少的首饰可以簪戴。比如，金爵钗、花钿、玉珑璁。

“爵钗，钗头上施爵”，这种金爵钗，说的是上端制成雀形的金钗。曹植曾在《美女篇》中，形容一位采桑的女子，有着“头上金爵钗，腰佩翠琅玕”的打扮，极为美貌。为何在簪首制成雀形呢？因其在簪戴时，往往成对使用，想来应是继承了商周时代的笄簪制，隐有对爱情的期待之意。

西晋傅玄在《有女篇·艳歌行》中，写到一位“头安金步摇，耳系明月珰”的女子，这打扮已经很华美了，但她还同时有着“珠环约素腕，翠爵垂鲜光”的形象。什么是翠爵？就是说，为了让金爵钗看起来更有风韵，那上面还粘缀着些翠鸟的羽毛。我们都知道，点翠工艺是在明清时盛行的，而在此之前虽有却不常用，反而不如这粘缀之法。

再来说说花钿。

此花钿非彼花钿，不是指的女子们的额饰。南朝梁何逊在《咏照镜》中提到，“羽钗如可间，金钿畏相逼”，意思是说，花朵状的金钿形制较小，如果将一只金爵钗簪戴上来，只怕它会失了光彩。这并不是在说花钿不如金爵钗好看，而是在说它形制较小。

喜欢饰品的人大多知道，形制越小的物件，其工艺往往也越是讲究，这金制的花钿，一般做成六瓣形，其上所琢的细小金粟，是说形如小米一样的纹饰。晚唐温庭筠在《归国遥》中写道：“钿筐交胜金粟，越罗春水渌。”这里说的“钿筐”和“金粟”，都是装饰工艺，相比而言，金粟实在是一种远观难见但近看有韵的纹饰。

只是可惜，何逊笔下的这位少妇，先是“对影独含笑，看花时转侧”，再是画了茧眉、染了唇色，最后又簪戴了金爵钗和金花钿，却还是心情抑郁。这一切只因为“荡子行未归”，盛妆之下的她，也只能守着窗儿，“啼妆坐沾臆”了。

最后来说说玉珑璁。喜好诗词的人，一般都知道，有个词牌名就叫作“玉珑璁”，但这里说的玉珑璁，是一种以金银所制、上饰珠花的头箍——相当于今天的压发。试想一下，不同材质的珠花，精巧地布列于压发上，该是怎样一种极致之美呀！较为可惜的是，出土的玉珑璁十分罕见，目前我们也只能在想象中描摹它的倩影了。

除了以上所说的发饰，魏晋南北朝的女子们，也喜欢戴冠，像男人一样扎上包巾，甚至是直接戴上男子所用的笼冠。

其中，较为值得一提的，是莲花冠。

莲花冠，是一种由多重花瓣缀成莲花状的冠子。魏晋南北朝时，莲花因佛教的盛行，而被视为吉瑞圣洁之物。北魏年间，龙门石窟中的浮雕《帝后礼佛图》，雕刻的是孝文帝和文昭皇后，这是宣武帝元恪为长辈祈冥福表孝心，特意修建的。可惜的是，最后这工程只宾阳中洞修成了，并且还被盗卖至国外。

浮雕中，文昭皇后手里拈着香，以莲冠霞帔的形象出现，其后有两个同样头戴莲冠的贵妇。这便是魏晋南北朝时期，时兴戴莲花冠的一个有力证据。

最流行戴冠子的，还是宋朝，而莲花冠自从诞生之日起，就一直流传下去，成为女子们喜爱的发饰之一，陪伴着她们，从青丝初绾，直至白发满头。

小贴士

【女子的发式】在此时期，女子的发式名目很多，比如飞天髻、灵蛇髻、云髻、盘桓髻、反绾髻、百花髻、涵烟髻、芙蓉髻、归真髻、凌云髻等。这里主要说说前三种。

飞天髻，是说集中头发于头顶，再分股绾成圆环，并呈耸立状的发式。这种发式在南朝宋时最为流行。

灵蛇髻的来源与蛇有关。据说，甄皇后在梳妆时，时常有一条绿色的小蛇，在她周围扭曲盘结，却不伤人。甄皇后认为它很有灵性，并从它盘结的姿态上获得灵感，以之为原型，梳成各种盘结状的发式。在梳灵蛇髻时，步骤如飞天发髻一般，只是形状上不同而已。相比而言，灵蛇髻的变化更多，新鲜感更甚于飞天髻，因此深得天子及后宫佳丽的喜爱。

云髻是流行于普通妇女之中的经典发饰，在梳发的时候，需要把髻发梳成薄薄一片，形如蝉翼一般，颇具飘逸之美。

【假髻】因魏晋南北朝时期，格外流行高髻，而一般人的头发，并不容易达到“鬒发如云，不屑髢也”的效果，于是只能用假髻。假髻一般要竖立于头顶并作前倾态，才能显出雍容之美。假髻主要有二，一是蔽髻，二是缓髻。前者，梳成之后，在其上还要插戴合乎等级规范的发饰。本着“身体发肤受之父母”的观念，非万不得已，人们不愿意剪下头发去卖。于是，市面上假髻的价格，是十分高昂的。穷人家的女儿如有需用假髻，而无钱去置办之时，有可能会去邻家借用，这种风气兴起之后，被时人称之为“借头”。

第五章　傅粉施朱，不是女子的专利

由于乐府双璧家喻户晓，大家对《木兰辞》中“当窗理云鬓，对镜贴花黄”这句应该印象深刻。仔细思来，魏晋南北朝时女子的妆容之所以较之前代更为绮艳动人，亮点主要在额头之上。

贴上花黄的妆容，被称为额黄妆，是当时北朝最为流行的一种妆容。要打造一个精致的额黄妆，除了可以用呵胶粘贴黄色材料剪出的薄片状饰物，还可以用“满额鹅黄金缕衣”的平涂法，涂满整个额头；或是用“额角轻黄细安”的半涂法，只涂额上一半。

准确说来，染画法出现得更早一些，是因为北朝寺院广布、石窟遍凿的风尚。正因冶金的佛像大有吉瑞之意，人们也乐于去进行效仿，染画黄色于额上。

接下来，之前提过的北周宣帝宇文赟，又莫名其妙地罢去了民间女子们搽粉施黛的资格，只允许她们作黄面墨妆的打扮，这无疑间也促成了额黄妆的流行。

那么，这种额黄妆在南朝是否流行呢？

南朝梁简文帝在《美女篇》里说：“约黄能效月，裁金巧作星。”但他又在《戏赠丽人》中道："同安鬟里拔，异作额间黄。"从这个"异"字上，不难看出南朝人对涂抹方式的额黄妆，还不够有接纳度。事实上，贴花黄这种做法，也还不够流行，此情形直到北周与陈对峙时期，才慢慢有所改变。

到了隋唐时代，花黄逐渐为一般性的花钿所取代，而额间染黄的方式，较为夸张地延展至全脸，被时人称为"佛妆"，不过，汉人做此打扮的相对较少。

南朝这边，女子们那时并不怎么爱贴花黄，而是时兴一种名为"梅花妆"的妆容。据传，这妆容来源于宋武帝女寿阳公主。

在某个人日里，公主"卧于含章殿檐下，梅花落公主额上，成五出花，拂之不去"，皇后发现，三天以后，梅花虽被清洗了下来，但公主额上的梅花印儿，却盘桓不去。宫中女子羡慕之极，有的粘贴梅瓣，有的剪金箔粘于额上，这便有了梅花妆了。

在魏晋南北朝时期，由梅花妆为代表的花钿，比起额黄妆来，只有剪的手法，其不同之处在于，花钿的颜色多样，形式也更为多变。值得注意的是，李商隐所写的"寿阳公主嫁时妆，八字宫眉捧额黄"，细究起来，不完全符合南朝宋的化妆风气，同时，此间提到的八字眉是始于汉，盛于中晚唐时期的眉式。

事实上，此时最为流行的眉式，主要是远山眉、蛾眉、连头眉等。

画眉，即扫眉。历代描写女子眉式的文句极多，我们不妨在此中去寻觅一下它的芳踪。先说说远山眉。西汉刘歆在《西京杂记》中，说"文君姣好，眉色如望远山"，美得不像话。这种眉式细长色淡，极为秀气，故此从汉代一直流传下来，经久不衰。

"螓首蛾眉，巧笑倩兮"，从《诗经·卫风·硕人》的记载看来，蛾眉产生的时间应该很久远了，南朝梁高爽在《咏镜》中写道："初上凤皇墀，此镜照蛾眉。言照长相守，不照长相思。”这是在用蛾眉来代指美女。蛾眉名字的由来，是指眉式如蚕蛾触须那般细长弯曲。魏晋南北朝时期的蛾眉相对较为自然，到了唐朝慢慢呈现出既阔且短的样子，所以又有“桂叶眉”的别称。

连头眉这个名字听着好听，但很可能会令如今的美眉大失所望了。北宋叶廷珪在《海录碎事》中解释道：“一画连心细长，谓‘连头眉’，又曰‘仙娥妆’。”这个连心细长，说的是什么，正是眉线细长，连接两头，只在眉心处似断似连的模样。

这连头眉，在魏武帝至南朝齐梁时期那叫一个流行，如果有人是天生长成这样，那必是吸引异性的一大法宝。

眉式从战国时的直眉、长眉、曲眉，到东汉时的广眉、愁眉，再到魏晋南北朝，每一样都为女子增色不少，带来独特的审美意趣。从上往下看，花钿或是额黄有了，符合时人审美的眉式也画了，接下来，我们来关注一下美人们的面妆。

还是用擅写宫体诗的皇帝萧纲的诗，来引出“晓霞妆”的名字吧。在《艳歌篇十八韵》中，萧纲吟道：“分妆间浅靥，绕脸傅斜红。”这个斜红的来源，有两个版本，男主分别是三国时期的吴太子孙和与魏文帝曹丕；女主则是宠姬邓夫人与宫女薛夜来。有所不同的是细节，前者因误伤美人脸颊而造成了斑斑红点；后者呢，美人是自己不留神撞上了屏风，伤愈后留下两道疤痕。

总之，君王却因此觉得美人更为娇媚动人，于是乎，大家美才是真的美，没有红斑，没有红痕，咱自己画还不行吗？宫廷、民间立马兴起了丹脂点（或者画）颊之风。到了后来，美人眼角两旁月牙形的红痕，便叫作晓霞妆。面上所贴的花钿（与额上的花钿无本质区别）本来就很美了，加上晓霞妆来，萧纲所绘的诗境，便已宛在眼前了。

除了晓霞妆，魏晋南北朝时还流行过酒晕妆、桃花妆、飞霞妆和紫妆。敷粉后，将燕支（胭脂）调匀了涂抹两颊，色浓为酒晕妆，色浅则为桃花妆。飞霞妆很有意思，是将上妆顺序调换过来，先涂燕支再扑粉。至于紫妆，相传是曹丕宫中女子段巧笑，喜爱“锦衣系履，作紫粉拂面”而得名。

突然想到，如果晓霞妆的“版权”真属曹丕的话，段巧笑到底还是比不得薛夜来啊，因为紫妆的流传范围，可就没有晓霞妆那么广泛了。

可是，不管红妆也好，紫妆也罢，在那之下打底的妆粉都是很重要的。我们很有必要来说说魏晋南北朝的时尚达人们所用的妆粉。

一提起曹植，人们一般给他的标签是“才高八斗”和“志不得伸”，可真正仔细看看《三国志注》中的载录，也许还能多个“萌萌的”标签。

“时天暑热，（曹）植因呼常从取水自澡讫，傅粉。（曹植）遂科头拍袒，胡舞五椎锻，跳丸击剑，诵俳优小说数千言讫。”在建安十九年（214年），曹植改封临淄侯，新任的临淄侯文学徐干正好是曹植仰慕已久的。

那天天热，曹植先请对方入座，自己则唱曲洗澡，傅粉跳舞，抛弄了弹丸，挥舞了佩剑，诵读了俳优小说，才好生穿衣戴帽，与他评说圣贤文章。曹植的举动的确率性可爱，但有个细节大家注意到了吗？傅粉。

没错，我们说的是女子化妆，但在魏晋南北朝时，不独女子热衷于傅粉施朱、打扮自己，男子也很爱如此。除了这个典型例子，曹操的干儿子何晏，也是以傅粉美容著称的——当然啦，人家“美姿仪，面至白”，本来就很美。

因为何晏先天就又白又美，因此“傅粉何郎”的典故，也流传了下来。晚唐五代韦庄在《白牡丹》一诗中，更是用“陌上须惭傅粉郎”来形容新妆少妇之美。其实，谁都没见过谁，韦庄之所以这么比较，还是因为在他看来，魏晋南北朝时男子之美，足以与女子相较，不是吗？

其实，在两汉时期，男子化妆会被视为妖异的现象。司马迁、班固等人著史时，便将皇帝身边那些傅粉的“异类们”列入了《佞幸列传》。班固写广川王刘越，便用调侃的笔调，说“望卿袒裼傅粉其旁”，言下之意似乎是——你你你，你就是个奇葩。

想象一下，班固要是来到魏晋南北朝，发现时下大家不仅不反感男子化妆，还对此极为欣赏甚至推崇，估计会吓一大跳。可能有人要问了，这时的男子傅粉后，还打胭脂不？这个问题很好回答，只要你喜欢打，绝对没人拦着。

其实古人们对于男子们热衷打扮的时尚，大多数时候是持否定态度，甚或觉得他们太过阴柔，与那“肤柔骨脆”的模样一样令人讨厌，但我想，而今男士用洗面奶、香水来修饰仪容，都已成为时尚，我们又为何不能对古人的审美情趣，稍微宽容一些呢？

小贴士

【米粉】《中华古今注》中说：“自三代以铅为粉。”古人使用妆粉由来已久。《采兰杂志》中又说：“黄帝炼成金丹，炼余之药，汞红于赤霞，铅白于素雪。宫人以汞点唇则唇朱，以铅傅面则面白，洗之，不复落矣。”此处可为佐证。不过，铅粉使用过量，对肌肤无疑是有损害的。

北魏时，贾思勰《齐民要术·卷五》中提到了米粉的制法。翻译成现代文，这个步骤大致是：选米（首选粱米，次选粟米）——研磨成粉状——在木槽中淘洗，直至水色变清——浸米粉于冷水中，时间越长越好——淘去粉中的醋气——在砂盆中研磨米粉，使之成浆——将干掉的米浆制成粉饼，只留粉英（中心雪白光润的部分）——将粉英切成薄片晒透——揉碎成粉末。

还有一种流行的做法，是把丁香粉与之一道混制为香粉，用来擦身。

【嘿唇】南朝梁徐勉在《迎客曲》中吟道："罗丝管，舒舞席，敛袖嘿唇迎上客。"这里说的"嘿唇"，为魏晋南北朝女子的一种特殊的唇妆。这时期的唇妆，一般沿袭汉制，以丹脂点唇，称之为"朱唇"。从宫中流传出的嘿唇，后来风靡一时。其状以乌膏染唇，状如悲啼，显得极为特别。

第三辑　食不厌精，脍不厌细

第一章　饭局在左，吃货在右

如果说，古代有什么宴席是在后世家喻户晓的，那一定是鸿门宴了吧。

此中情节毋庸赘述，但有个细节颇让人疑惑，那便是，项庄为何会以“拔剑舞”的方式去搞行刺。看吧，这头是项庄舞剑，那头便是“项伯亦拔剑起舞，常以身翼蔽沛公”，末了，“庄不得击”，让对方在手下的保护中，乘隙溜了。

有人说，要是项庄一刀子捅过去，不挺方便、命中率挺高的，干吗搞那么大阵仗！此言差矣。在那个时候，你要想从大圆桌下捅人家冷刀子，就算是项王同意也不成啊，因为大家吃饭，流行的是分餐（分食）制，而不是合餐（会食）制。

“席不正不坐，割不正不食”，这是说古人们席地而坐，至于一人一案吃饭的方式，则可上溯至公元前2500～前1900年。可以说，陶寺遗址的发现，能表明至少在那时，标志着礼制化的小食案，就已经产生了。

分案而食的方式，在汉代的壁画上多处可见；但在唐代壁画上，我们却能看见“排排坐，吃果果”的情形。不难想知，从分餐到合餐的过渡期，便在魏晋南北朝时。这是因为，胡床、胡椅的引入，逐渐改变了中原人席地而坐、分案而食的饮食习惯。

根据《晋书》的记载，北方地区特别流行坐着胡床来食肉饮酪。如前所述，胡床这种坐具，改变了人们的坐姿。垂脚而坐的人们，围桌起来享用美食，这也是增进感情的一种方式。

此外，在《陈书》中也刻画了一个细节，是说徐孝克十分孝顺，时常在赴宴时，将自己食案上的好菜偷偷打包回家，奉给母亲食用。

把这两则史料拿来对比，便不难看出，北方的用餐方式虽不断冲击着传统的分餐制，但南朝这边，至少在朝廷饮宴中还保留着分餐制。

说到用餐，自然不可不提人们所用的器具。和今人的认识较有出入的是，古人不只用箸和勺子，也时常用叉子。约莫在4000多年前，上流社会就已习惯于使用餐叉来吃肉了。当然，下层社会的人，不是“肉食者”，而是“藿食者”，平时没多少机会吃肉，因此，餐叉没有大面积流行起来，也就不足为奇了。

只是，今日我们在吃西餐时，也该有个“老祖宗早就会用餐叉”的基本认识，这怎能不值得我们引以为豪呢？

至于说，古人的箸所出现的时间，也不晚于用来舀汤的勺。在汉朝，箸长约25厘米，到了唐代时，长度有所增长，多了5～8厘米。的确，正是在魏晋南北朝时期，箸的长度有所增加。

当然，对于有些菜肴，人们使用箸却反而不顺手，不如用最原始的方式——手撕——来解决。北魏农学家贾思勰的《齐民要术》中就提到过一种鱼鲊。

这鱼鲊须得选用大条的鲤鱼，要鲜得带蹦、身体还挺肥实的那种。去鳞不去皮儿地切成块状后，先挤干水分浸上调料，再一层鱼一层糁（由粳米饭制成）地密封在瓮中。等到能吃的时候，食家们会用手撕着吃，用刀来切鱼鲊是不可以的，因为刀锈上有腥味，会破坏鱼鲊的口感。

过去，烹调的方法较为单一，食材的制作也有些粗糙，这种情形到了魏晋南北朝时，便大有不同了。但凡簪缨世家，几乎很少不在饮食上头下功夫的，《论语》中所说的“食不厌精，脍不厌细”，在此时才得到了真正的实践。

应该说，这绝对不是一件坏事。闲来翻翻《齐民要术》《太平御览》《食疏》等书，不难看出这种饮食风尚的盛行。其实，人之于世不过弹指，时人愿意多享口腹之欲，也很正常。

您看，《齐民要术》中所提的炙法，多有意思。比如炙豕（猪），经过复杂工序后，烤得“色同琥珀，又类真金”，这已经很馋人了，再来咬一口，那更是“入口则消，状若凌雪”，真叫一个色香味俱全，让人欲罢不能！

由北宋李昉、李穆、徐铉等学者奉敕编纂的《太平御览》中，有一《饮食部》，里面说，十六国中后赵武帝石虎，平时特别喜欢吃蒸饼，尤其是有干枣、胡桃瓤馅的。蒸饼，便是使用笼屉蒸制而成的面食，和今天的馒头差不多，但在那时，发酵这活儿还是新兴技术，石虎“使坼裂方食”，就显得格外讲究了。

当然，作为皇帝，讲究一些也很正常，而一般贵族在这种精细食风的影响下，也是“上有所好，下必甚焉”。仍然说这蒸饼吧！在西晋时，有个叫何曾的人，是“蒸饼上不坼作十字不食”，胃口极为刁钻。这是说，人家要吃就得吃开花馒头，松软香甜，入口易化。

作为西晋的开国元勋，何曾位列三公，享受着坐车佩剑的特权，在生活方面极为奢豪，他家厨子所做的菜，色香都远胜于王侯帝戚，以至于晋武帝在宫中开筵时，每每得面对何曾那张苦瓜脸，最后，只得默许他自带食物来赴宴。嗐，你说这何曾连皇帝的面子都不给，胆儿也忒肥了！

是的，对于这样一个“日食万钱，犹曰无下箸处”的高官，不受人指摘是不可能的，但平心而论，他将美食心得写成《食疏》一书，总算是对美食界大有贡献。

虽说美食界的范围很广，但咱们认真想一想，若要在那时弄个“吃货排行榜”，榜上一定少不了何劭、任恺、元雍、元琛、张翰、江无畏等人的大名。

刚刚说了，这个何曾是极为奢靡的，而他的次子何劭，则更是“青出于蓝而胜于蓝”，他老子每天花一万钱在吃喝上，在他看来都不算啥，因为，他几乎每天都要收集四方珍异美食，每日不花个两万钱都不舒坦的。何劭敢这么折腾，其实有个原因是，他和晋武帝同年出生，有着总角之好，一直官运亨通，人家既不缺钱也不缺地位。

同时，不得不提的是，除了奢侈以外，何劭这人还有一大堆优点，比如博学善文啦，不贪权势啦，加上运气够好，所以他一直没被“八王之乱”祸及，最后得到了善终。

至于西晋的吏部尚书任恺呢，他比何劭更夸张，每一顿饭都要吃一万钱，吃不完的还用专车运出去。平心而论，任恺是有本事的人，这样铺张浪费，大概也和他娶了魏明帝曹叡的女儿，以前朝驸马身份自居，有一定关系吧。

说起南朝的吃货，有西晋的何家父子和过气驸马爷，还有喜好斗富的石崇、王恺，至于北朝那头，便以北魏高阳王元雍、河间王元琛为代表。

当时的北魏，已经过孝文帝汉化改革，其继任者宣武帝元恪正是个嬉戏无度的君王。在这“承平日久，丰穰积年”的大背景下，他们几乎全盘接纳了汉人王朝的优缺点。一时间，“竞相矜夸”，并“遂成侈俗”。

高阳王元雍和河间王元琛，分别是孝文帝的弟弟和堂兄弟，二人身份很接近，又都好享受爱吃喝，不去斗一斗吃货指数，都不太可能。于是，前者是“连霄尽月，一顿饭必以数万钱为限”，一个是吃彩绘的禽蛋，烧雕刻的柴薪。

有个掌故说道，章武王元融某日被河间王元琛请去看府库，当他听闻对方故意对他说："不恨我不见石崇，恨石崇不见我。"元融本来也好奢侈，见此情形，立马没脾气了，一阵羡慕嫉妒恨之后，回到家里气得连病三天卧床不起。

江阳王元继倒也有趣，来探病时，听对方抱怨他最多只能排个富豪榜第三，便笑道："卿欲作袁术之在淮南，不知世间复有刘备也。"

大家一定注意到了，这些所谓的吃货，虽然尽享口腹之欲，但似乎更是将此作为炫富的手段，除了写就《食疏》的何曾之外，其他的我还真不敢说他们是有品位的吃货。那么，稍微纯粹一点儿、高尚一点儿的吃货有没有呢，当然有。

南宋辛弃疾在《水龙吟》中说："休说鲈鱼堪脍，尽西风、季鹰归未？"这里头用了一个典故，是说西晋的张翰（字季鹰），当时在洛阳做官，秋风吹起时，忽然思念吴中的鲈鱼脍和莼菜羹，便下定决心弃官南归。不过，此处辛弃疾强调了"休说"二字，很显然是在反用典故，说他绝对不会因为贪吃家乡美味而弃官。

不过，张翰所处的时代，时局纷乱，他之所以弃官归乡，其间也有不想被卷入"八王之乱"、低调避祸的原因，不过借口既然已成为事实，"莼鲈之思"这个典故便具有了永恒的意义。

至今，说起辞官回吴淞江畔，"营别业于枫里桥"的张翰，人们都不难想起，他曾写过一首《思吴江歌》："秋风起兮木叶飞，吴江水兮鲈正肥。三千里兮家未归，恨难禁兮仰天悲。"

小贴士

【特别的饭局】西晋末年，饱受"八王之乱"和永嘉之祸的苦难，南渡的北方士人，面对金瓯半缺的情形，常常忧患频生，哀思如潮。某次，他们在城外长江边的新亭饮宴时，名士周顗叹道："风景不殊，举目有江河之异。"这话惹得大家极为伤感，宰相王导却呵斥道："当共戮力王室，克复神州，何至作楚囚相对泣邪！"众人羞惭之后，振作起来。史上将此饭局称为"新亭会"，后世文学作品中所说的"风景殊异""江河"，出处也在这儿。

【脍炙人口】"脍炙人口"这个成语如今用来比喻人所称美和传诵的好诗文，炙是会意字，上肉下火，即用火烤的肉。古代以马、牛、羊、鸡、犬、豕为六畜，魏晋南北朝时，鸡肉养殖业较为发达，鸡、鹅、鱼等都可用炙这种方法进行烹饪。所谓的"羌煮貊炙"便是指西北游牧民族羌人的涮羊肉和东胡人传来的烤全羊。《齐民要术》中，还提到一个"捧炙"，是说将牛脊肉或脚肉"逼火偏炙一面"，边烤边吃。

第二章　主食与肉，皆不可辜负

谈到今日南北方主食的格局，大可用“北方面食为主，南方米饭为主”来做一个简单概括。这主要是因为，北方以种植小麦为主，南方则以种植水稻为主。

在魏晋南北朝时期，这种情形还是与今有异的，比如，北方除了种植小麦，还时常种植旱稻、豆类和大麦。大麦，比起小麦而言，要先成熟一些，纤维素含量也要高一些。所谓“针尖对麦芒”，大麦的麦芒细而长，不像小麦那样粗短。不过，大麦产量远低于小麦，所以，在北方，小麦才是主食的主流。

南朝文人长于诗文，于是对水稻的赞美之词，也时常见诸笔端。“上风炊之，五里闻香”，听着很美吧，这是魏文帝曹丕在评说洛阳的新城稻。无独有偶，西晋袁准也说新城稻舂出的米，是“濡滑通芬”，让人心怡。

南宋辛弃疾在《西江月》中曾吟唱道，“稻花香里说丰年，听取蛙声一片”，我猜，这句子很可能是从南朝梁诗人庾肩吾处，得到了些启发。这位诗人，曾盛赞襄樊地区出产的蝉鸣稻，说是“滥水鸣蝉，相闻七里”。现下，有流行歌曲名曰“七里香”，咱们一边听歌，一边想象古今那一粒粒饱满飘香的稻穗，也是别有一番风味。

因为水稻主要产于江淮以南，对于北人来说，就较为奢侈了，所以时不时会有一些让人跌破眼镜的“新闻”传出。比如，北魏明元帝拓跋嗣时期，曾发生过一起盗窃案。当时，北魏的都城在平城（今山西大同），安屈负责掌管太仓。因为安屈之父安同想吃粳米（粳型非糯性稻谷碾制成的米）而不得，便一时犯了糊涂，竟然监守自盗。

安同是皇帝的重臣，他自然不好包庇自己的儿子，但拓跋嗣也不打算按刑处置这个孝子，反而下诏长期赐安同以粳米。

令人倍感无奈的是，不管是在北魏后来移都洛阳，还是在隋朝统一南北之后，北方缺乏稻米的情形一直存在，完全无法与南方相比。要知道，人家有时候可是拿稻米来支付官员俸禄的呢！

一般来说，稻米除了可以做米饭，也可做锅巴——南朝宋有个叫陈遗的人曾以此在战乱中充饥。用上好的粳米来做粽子自然古已有之，此时，还有一种名为“裹蒸”的点心，与此极其类似，南朝齐明帝萧鸾私下里是个很奢侈的人，但却对裹蒸极为喜好。

要说裹蒸和粽子的区别，也是有的，那就是前者多用冬叶、水草包裹，形状可以做成枕头形的。相传，早在秦始皇当政时，农民为了劳作方便，就已有这发明了。往后说去，到了北宋时，端州（今广东省肇庆市)的老百姓，还拿裹蒸送给调往京城的包拯，而裹蒸的造型也很有意思，像一只只铁拳，这里面的象征意味不言自明。

我们来说说北方。虽说北人缺稻米，但只要善加利用，小麦的吃法也是很多且很有意思的。其中，首先要说的，自然是“饼”。别误会，这饼并不仅仅指的是大郎炊饼啥的。

之前说过，曹操有个干儿子，名叫何晏。按当时的审美观（如今或许也是），何晏是极美的，这美首先便是美在他的肤色上。有个成语叫作“傅粉何郎”，说的便是何晏的肤色如搽了粉一般。呐，见证奇迹的时候很快就到了，魏明帝曹叡不服啊，趁着天热赐他热汤面，《魏氏春秋》中载曰：“何晏以伏日食汤饼，取巾拭汗，面色皎然，（明帝）乃知非傅粉。”

明白了吧，魏晋南北朝时所说的“饼”是可以指面的，这汤饼与当今的面片汤是差不多的，西晋束皙在《饼赋》中赞道：“弱如春绵，白如秋练。气勃郁以扬布，香飞散而远遍。”这是说，这用撕片方式做成的面片，质软色白，煮开了后香气远溢，别提有多馋人了。

顺便得说一句，那时的面食，也不一定都称作“饼”，比如，水引面（也可叫“水引饼”，即面条）、馄饨。对于今人来说，馄饨自然是很熟悉的，毋庸赘言；水引面则是要做成韭叶状，北宋黄庭坚说“韭苗水饼姑置之，苦菜黄鸡羹糁滑”，便是对其外形的最好诠释。

话说到这儿，还是回头来说说“饼”里的讲究。麦粉所做的饼，除了可以指面片，还可以指烧饼、白饼、鸡鸭子饼、蒸饼等。

白饼也叫汉饼，照着北魏重臣崔浩《食经》里的说法，是要用“酸浆一斗，煎取七升”，白米作粥、白酒发酵，做成糯米酒后，加沸绞去滓，再来和面的，经小火烙熟后，白饼的口感极为酥脆。

在《齐民要术》中，提到了鸡鸭子饼的做法，这名儿听着让人有些摸不着头脑，其实，您只要想想今天鸡蛋饼的样子，便不难理解“破，泻瓯中，少与盐。锅铛中，膏油煎之，令成团饼，厚二分”这句话的意思了，对吧？

至于蒸饼，也就是前文提过的发酵馒头了，它的地位可不一般，南朝齐武帝可是下了诏，要这种蒸饼和鸭肉羹，一起上供桌祭祀先祖的。

好了，既然说到了鸭肉羹，那咱们不说肉食是不成的了。这种菜的做法，可以说是一看名字便明白，不用我叨叨什么，但有句话却得说到前头。那就是，在魏晋南北朝时，鸭肉还不是最受欢迎、最常食用的肉类。

简单说来，南方人主要吃鱼蟹，北方人则主要吃牛羊肉。根据南北两头的地理情况，他们有不同的饮食风尚，并不难理解。

说起江南地区的鱼，那真叫一个肥美鲜香，上节说过的鲈鱼脍中所说的“脍”便是一种吃法。所谓“脍”，是指将肉切细后蘸着葱、芥等调料生吃。看到这里，也许大家会吃上一惊，但我得很认真地说，如今流行于日本、朝鲜半岛等地的生鱼片（鱼生），无疑是起源于古中国。大概是因为，淡水鱼里寄生虫较多，这种吃法后来才慢慢淡出了舞台。

西晋的张翰最爱的“脍”是南方人吃鱼的一种方式，除此以外，熟着吃也是主流，比如鱼羹、鱼干和鱼鲊。之前说过，鱼鲊得靠撕着吃才能吃出好味道，而这种好味道，若与亲友们共享，便会生出好些温馨有趣的故事。

王羲之曾将鱼鲊用荷叶包裹好，赠送给一干亲友，还写了书法名帖《裹鲊帖》，其上草书道：“裹鲊味佳，今致君。所须可示，勿难。当以语虞令。”这是一段佳话，而稍晚于他的东晋名将谢玄，更是一个让人倍觉温暖的男子了。

话说，暖男谢玄在头一天钓到了大鱼，次日便写了《与姊书》，把鱼鲊给姐姐送去。这个姐姐，指的应该是才女谢道韫。说来，不少人都有钓鱼的爱好，但像谢玄这样爱钓鱼，且很会钓鱼，还每每把鲜鱼做成鱼鲊送给亲友的人，就不多见了。《全晋文》中一共收录了谢玄十篇作品，其中竟有四篇与钓鱼有关，足以证明这一点。

此外，根据《太平御览》的记载，这样的鱼鲊，谢玄的发妻也经常收到。想想看，其实谢玄平时也不闲，却做到体贴妻儿亲友，这也真是着实不易——尽管他曾被学者王珉取笑为“吴兴溪水中钓鱼的羯奴”，他也满不在乎。

对亲友爱心满满的人，在西魏这头也有个代表人物陆政。陆政的母亲是南方人，天生爱吃鱼。要说这陆政也是个孝子，不知是不是老天帮他，总之，某一天家宅之旁突然涌出了泉水，其中活蹦乱跳着好些鱼儿。

说起来，北方在缺鱼的情况下，也是可以发展养殖业的，但这样的技术毕竟不太成熟。不过，这问题也不大，因为，北人在牛羊的养殖上头，是很有发言权的，而且他们也乐于吃牛羊肉。

《洛阳伽蓝记》中讲过一个故事，说北魏孝文帝元宏曾问臣子王肃，到底是羊肉好吃，还是鱼羹健康。对方回答道："羊肉为陆产之最，鱼为水族之长。"这回答还是很得体的，毕竟他是北投的南人，碰到这种问题，能答得这般"中庸"，也是不容易了。

有意思的是，那些投靠北魏政权的南人，一般是住在洛阳城南的四夷馆和四夷里。由于他们对鱼肉有特殊的感情，所以这里的四通市便成了鱼鳖市。

"洛鲤伊鲂，贵于牛羊"，民谣里唱得真好。不得不叹，商人们的脑瓜子还真好用！

小贴士

【豆粥】早在东汉光武帝刘秀时，冯异便在滹沱河献过豆粥。西晋时，石崇在金谷园中办招待，为了跟王恺斗富，便将豆子磨成粉末预先煮熟，等客人来了再用滚热的白粥浇开。苏轼在诗歌《豆粥》中道："萍齑豆粥不传法，咄嗟而办石季伦。"

【调味品】在魏晋南北朝时，蜂蜜是主要的甜味剂，既可以直接冲兑饮料，也可以用来渍制梅子、逐夷（本用石首鱼等肚肠泡盐，南方人改以糖和蜜），还可以用作烹饪时的调味品。《北堂书钞》中有一段记载："新城孟太守道，蜀猪、羊、鸡、鹜味皆淡，故蜀人作食，喜着饴蜜，以助味也。"这个饴，说的是麦芽糖化淀粉后制成的甜味剂。

日常所用的甜味剂，还有蔗糖，以及以之进行深加工制成的石蜜（冰糖）。不过，由于提取技术还不够成熟，中原地区要迟至唐朝才能大量生产蔗糖。

此时，还流行豆豉、豆豉汁、八合齑这样的调料。后者使用姜、蒜、橘皮、白梅、熟栗黄、粳米饭、盐、酢制成，故有"八合"之称。

第三章　蔬菜里的秘密

在整个魏晋南北朝时期，奇葩皇帝层出不穷，但要说到白痴皇帝，还数西晋惠帝司马衷“首屈一指”。因此，他以嫡次子的身份继位，对于国家而言绝不是什么好事，后面的“八王之乱”，他脱不了干系。

有关司马衷，最有名的一个典故，是说他某次听闻臣工奏报国内饥荒，百姓被饿死无数的情况时，竟傻兮兮地问道：“何不食肉糜？”

这个笑话的荒唐指数足有五颗星。说起来，魏晋南北朝时期的确为我国饮食的精工细作奠定了基础，但对于一般百姓而言，吃肉却并不是常态，总之举国上下肉食者少，藿食者多。

所谓“藿食”，是指以豆叶为食，代指粗食。记得《说苑》里曾说，晋献公时，东郭有一藿食者想要参政，献公却说，此事“肉食者已虑之”，拒人于千里之外。在此，我们且不谈“肉食者一旦失计于庙堂之上”，必会让藿食者来为他们的任性买单的事，只说这“藿食者”一词还有超出字面的意思，喻指“在野之人”。

不过，虽说小老百姓不怎么吃得上肉，但这时的蔬菜种植业是颇可称道的，如果不逢上大面积的灾年和战乱，他们还是衣食有着的。

时人种的最多的蔬菜，应该是葵菜、茄子、菘、韭菜、胡荽，还有蔓菁（芜菁）、芹菜、芦菔（萝卜）、芋头等。

先来说说葵菜吧，提到这个字眼，相信有不少人眼前会浮现出葵花朵朵的情形，实际上，葵菜和向日葵可没什么关系。童蒙时代就会背的“青青园中葵”，其实是说的园中所种的葵菜。是的，至少在明朝之前，“葵”都不是指的“向日葵”，但它和向日葵一样，都有喜阳的秉性，所以有个成语叫作“葵藿向日”，可用来表达对明主的忠诚。

“葵菜古人种为常食，今之种者颇鲜。有紫茎、白茎二种，以白茎为胜。大叶小花，花紫黄色，其最小者名鸭脚葵。其实大如指顶，皮薄而扁，实内子轻虚如榆荚仁。”明人李时珍在《本草纲目》中这样描述道。您看，葵菜的模样便是如此。

别名为“冬葵”的葵菜，在民间被称冬苋菜或滑菜，属锦葵科植物，其历史极为悠久，可上溯至先秦时期，《诗经·豳风·七月》中就吟咏道：“六月食郁及薁，七月亨葵及菽。”一般来说，正月、六月、九月种下葵菜，一年可三收。难怪元仁宗时期王帧的《农书》说：“葵为百菜之主，备四时之馔。”

或许正是因为葵菜好种易收，已经融入人们的生活，所以自古以来，吟咏葵菜的诗句都不少见，西晋陆机曾在《园葵诗》中说：“种葵北园中，葵生郁萋萋。朝荣东北倾，夕颖西南晞。”从中不难见出，在魏晋南北朝时期，庭园里已大量种植葵菜。

那么，种植如此广泛的葵菜，该怎么食用呢？法子着实不少，比如烹食和做羹。所谓“采葵持作羹”，口感滑嫩的葵菜，的确爽口爽心。此外，王祯写道：“供食之余可为菹腊（咸干菜），枯枿之遗可为榜簇，子若根则能疗疾。”看明白了吧，这菜不仅可以吃，其根、花及种子，还可入药治病。

只可惜，虽然“味尤甘滑”的葵菜，在《灵枢》《急就篇》《齐民要术》《本草纲目》《植物名实图考》等重要著作中都被称为“百菜之主”，可随着新菜种的引进和培植，渐至式微，到了明朝时期，甚至退出了日常餐席。因此，李时珍才说：“今人不复食之，亦无种者。”于是，我们在《本草纲目》中所见的葵菜，是被列入了草部。

这是一般的看法，个人倒觉得，葵菜“江湖地位”的丢失，应该还有别的原因。“贫厨何所有，炊稻烹秋葵。”白居易在《烹葵》中如是说。应该说，葵菜是穷人菜的看法，非常具有代表性。葵菜因大众化而反被大众所排斥，或许也是因为忆苦思甜的人，从来都不多。

说罢葵菜，不妨来说说别名为“起阳草”“壮阳草”的韭菜。东汉许慎在《说文解字》里说：“菜名，一种而久之者，故谓之韭。”种上一次便可长久收获，故此菜便取“久”为音。

“献羔祭韭”的事出现于西周或春秋时期，那时韭菜较为稀贵，多用作庙堂的祭品，可这蔬菜在魏晋南北朝时期是极为家常的，南宋林洪在《山家清供》有过南齐周颙食韭的记录。

周颙这人曾隐居过，“终日长蔬，颇以为适”，中书监王俭（东晋名相王导五世孙）曾经问他：“卿山中何所食？”周颙回道：“赤米，白盐，绿葵，紫蓼。”文惠太子萧长懋一贯大鱼大肉的，有些想不明白，便问：“菜食何味最胜？”周颙的答案是“春初早韭，秋末晚菘”。

其实，周颙说得不错，韭菜虽常年可得，但最好吃的时候莫过于春初。杜甫说“夜雨剪春韭，新炊间黄粱”，也算一印证。春初的韭菜，有着翡翠样的叶儿、白玉般的纤根、清馥生香的滋味，光是想想都挺馋人的。

然而，有关食用韭菜的大人物，最有名的却不是周颙和杜甫这样的真知音，却是西晋的首富石崇。这话还得从石崇和王恺斗富说起——

话说，王恺若用饴糖水洗锅，石崇便用蜡烛当柴烧；王恺若用紫丝编个长达四十里的屏障，石崇便要用更贵重的彩缎铺设五十里；王恺若是拉外援（晋武帝）显摆两尺多高的珊瑚树，石崇便冷笑着给他砸个稀巴烂，还坏笑着说要赔给他更好的。

看吧！在石崇下人抬来的几十株珊瑚树中，光三四尺高的就有六七株，言下之意便是，你是皇帝的舅舅又咋样？爷就是比你阔！

三战三败，王大爷表示不服！

王恺听说石崇竟然在寒冬腊月端出了鲜绿的韭菜——准确地说是韭蓱齑——总觉得事有蹊跷。经过好一番打探，他才知道这家伙不仅用所谓的“豆粥”来博眼球，还用掺了麦苗的韭菜根来糊弄人。

嘿！敢情韭菜做成了这模样，别人就认不出来了，是不？王恺不服归不服，看石崇的眼神也充满了鄙夷，但他也拿人家没辙，顶多就是阴嗦嗦地偷着学，或是揭发这个冒牌货罢了。

今人由此故事不难看出，韭菜的那个“久”，在当时不怎么包括冬天。不过，根据《三国典略》的记载，到了北齐时期，武成帝高湛的后宫佳丽们“寒月尽食韭牙”，想来这应该是用尚未普及的温室技术栽培出来的。因此，它应该只是个孤例。

顺带一提的是，我国早在汉代时，京城便有温室韭菜了，这种特供食品耗费甚巨，很快被汉元帝刘奭的臣子召信臣，以“不时之物，有伤于人，不宜以奉供养”的原因弹劾了去。没想到，罢去温室种植后，宫中开支竟“省费岁数千万”！

且不说汉朝、魏晋南北朝，即便到了清朝，冬韭的价格都贵得惊人。柴桑在《燕京杂记》中记载道：“冬月时有韭黄，地窖火炕所成也。其色黄，故名。其价亦不贱。”此言非虚。

先前说的“齑”，可借助南宋孟元老《东京梦华录》里的记载，稍作解释。“菜蔬精细，谓之‘造齑’”，这是说，古人时常将蔬菜的茎叶切细，加上盐、茴香、椒末、酒、醋等调料进行腌制。看着这做法挺眼熟是吧，是的，其实这就是酱菜，难怪石崇可以以假乱真，以麦苗充韭菜呢。

在魏晋南北朝时期，要吃反季节蔬菜，对于寻常人来说是不可能的，于是，用腌制法来保存蔬菜，已成为了百姓们的共识。可喜的是，人们想在冬天吃上鲜菜，其实也是有办法的。有一名为“藏生菜法”的办法，是说只要把蔬菜搁在地下，将庄稼秆子混了土，覆盖在上面，它们便可经冬不腐。

这个做法，很有些窖藏的意思，一接地气，二绝空气，难怪有些人家能把那鲜菜，一吃吃到开春呢。

小贴士

【古代五菜】韭、葵、藿、薤、葱是传统意义上的古代五菜。其中，葵、薤已基本无迹，藿指豆叶，后来也可指豆苗，今人倒还在食用。值得注意的是，葱不只是调料，更是主菜，其叶和茎时常为人们所食用。黄庭坚《戏赠彦深》中道：“葱秧青青葵甲绿，早韭晚菘羹糁熟。”仅此两句就提到了三种主菜。

【水果】根据《齐民要术》的记载，当时水果的种类很丰富。橘、枣、桃、樱桃、葡萄、李子、梅子、杏、梨、板栗、柿子、安石榴等都有。芭蕉、椰子、槟榔和甘蔗等，则是从南洋引入的。至于解暑水果西瓜，则是在五代十国时期，才经丝绸之路传来的。有关水果的吃法，除了食鲜，也可制成蜜饯、果脯和果粉。制果粉的方法，被称为“麨”，麨好的果粉，可以拌上米粉，作为快餐食用。

第四章　喝茶，还是饮酪？

闲来读诗时，注意到西晋左思的《娇女诗》。

据说，才高貌丑的左思有一双极为漂亮的女儿，此言是真是假不好印证，因为在此间，慈父所写的小女儿左芳和左媛还是稚气团团、一派天真的模样。模仿大人对镜、握笔、执书、纺绩的行为，已十分可爱，更有趣的是，她们“止为荼荈据，吹嘘对鼎立”的举动。

这个“荼荈”，在《太平御览》写作“茶荈”，这个“茶”到底是不是后来的“茶”呢？

有关饮茶的起源，向来是各说各话。唐代“茶圣”陆羽在《茶经》中有“茶之为饮，发乎神农氏”的记载，说是尝遍百草的神农氏偶然得到入口生津的叶片，且有药用价值，遂为此定名。晋人常璩在《华阳国志·巴志》中却认为这是当年巴国献贡于周武王的。

其他的说法，还有秦汉说、六朝说（三国至隋朝的南方六朝：东吴、东晋，南朝宋、齐、梁、陈）和唐朝说三种。汉代茶学文献《僮约》是由汉宣帝时王褒所撰的，其中有“烹荼尽具”和“武阳买荼”这样的句子，但《僮约》中除此二句，并无其他种茶、饮茶的记载。故而，秦汉说其实不是太靠谱。

那么，照此说来，茶起源于唐代应该较为确凿，但其实未必。根据《茶经》的说法，唐人饮茶的方式有多种，其中有一种，是煮茶法——将葱、姜、枣、橘皮、薄荷等调料，混在一起煮沸。也就是说，茶饼切碎辗细成茶末，茶末经罗（筛子）后加入沸水中，最后煎煮而成的，是一锅“重口味”的茶糊糊。

其实，茶圣本人是不喜欢这种做法的，因此他说：“斯沟渠间弃水耳，而习俗不已。”意思是说，这东西还能喝吗？就跟倒在沟里的废水似的！可是这习俗由来已久，他也没辙。

什么叫“由来已久”？根据资料的记载，这样的饮茶方式，在魏晋南北朝时期便已出现了。来看看西晋郭义恭在《广志》中的记载：“茶丛生者，煮饮为茗。茶、茱萸、檄子之属，膏煎之，或以茱萸煮脯胃汁，谓之曰茶。”

很显然，茶圣所说的唐人煮茶法，是直接来源于魏晋南北朝的。所以，根据这条记载，先前所说的“止为荼荈据，吹嘘对鼎立”中的“荼”，指的应是真正的“荼”，也就是苦菜。毕竟，真正的茶，不是这么煮的。

《茶经》中曾提到过，南朝宋齐间唯一留下著作的女文学家鲍令晖，著有《香茗赋》，可惜的是，其中并未引述其文，残史中也不见其踪影，应该是早已佚失了，不然，我们可以仔细品酌美文，感受时人饮茶的风情，那该是怎样赏心悦目的一件事啊。

总的来说，在魏晋南北朝时期，南方人饮茶的风俗已经逐渐形成了。今天，我们用“以茶代酒”这个词儿来作为不胜酒力者谢辞劝酒之人的常用说法，而这个说法是来自于西晋陈寿的《三国志》中。

“皓每飨宴，无不竟日，坐席无能否率以七升为限，虽不悉入口，皆浇灌取尽。曜素饮酒不过二升，初见礼异时，常为裁减，或密赐茶荈以当酒。”东吴政权经过孙亮、孙休的折腾后，孙休的儿子孙皓成了大好河山的主人。

这孙皓后来变得极为暴虐，时常摆酒设宴，要求臣工必须喝光七升酒，然而，不善饮酒的韦曜酒量只有二升，出于二人之间的渊源，孙皓便发了慈悲，命人悄悄用茶水去替换，免得他难堪。单就此事看来，孙皓还是有些人情味的，只不过，益发堕落的皇帝最后还是因为韦曜的耿介性格，而生出厌心，索性赐他一死。

茶的背后，当然也不尽是这种悲情的故事。

某一次，东晋宰相谢安要去拜访吴兴太守陆纳。虽说六朝一贯奢风盛行，但饮茶却是一种节俭风尚的象征。陆纳思来想去，便在家里陈设了茶果。没想，他那侄儿陆俶却觉得这样待客有失体面，便自作主张私下备上了珍馐佳肴。陆纳鼻子都快气歪了，好容易等到客人走了，回头就让侄儿尝尝竹笋炒肉丝——“杖之四十”——的滋味。

所谓的“弄巧成拙”大概也便是这样了，这事的确令人发噱。更为有趣的一个故事，是来自王肃。先前提过孝文帝当席问过王肃，“羊肉何如鱼羹”的掌故，其实这话还有个后半句，便是“茗饮何如酪浆”。

王肃对羊肉和鱼羹孰优孰劣的回答，倒是颇有些“梅须逊雪三分白，雪却输梅一段香”的感觉，可关于茗和酪的高下，他却答道：“唯茗不同，与酪作奴。”

咦？这意思是说，茶一碰上酪，就得磕头作揖了？在一旁的人，兴许会赞同，那么远在南方的人，又同意不同意呢？先来看看曹操的做法。

南朝宋时，有一本十分好看的文人笔记，是刘义庆的《世说新语》。其中说，有人曾献给曹操一杯酪。曹操宝贝得不行，只喝了一小口，便盖上盖儿，上书“合”字。后面的情节应该很熟悉吧？——杨修上场了，就他会运用拆字法，说这是“一人吃一口”的意思，还美美地吃了一口。

我猜，《三国演义》中所说的这个情节的原型，应该在于“一人一口酪”这里。不知道，老罗为何要将“酪”换成“酥”（原文“塞北送酥一盒至”，“酥”指面粉加酒、糖等制成的一种点心），总之，从这个掌故中不难看出，南方人想吃酪，很不易得到。这难度大概和北方人想吃稻米有得一比。

到了西晋时期，晋武帝司马炎见尚书令荀勖身体状况不好，出于体恤下属的目的，特意赏赐他乳酪。老臣王济也很有意思，指着价格不菲来之不易的羊酪，对打江南过来的才子陆机予以讥讽，有意以此炫富。

只是，炫富归炫富，稀罕的东西未必就适用自己。不少南方人对于酪饮很不习惯，食用后出状况的人也真不少。比如，太尉陆玩前去拜访丞相王导，王导本是好心，用酪饮来招待他。没想到，这人回家后立马病倒了，次日还给王导写信道：“昨儿我吃过量啦，搞成这副鬼样子。唉，我虽是吴人，却差点儿成了北方的死鬼，不划算，不划算呐。”

看来，陆玩的脾胃确实不好，对于酪饮竟如此敏感，真算得上是无福消受了。其实，酪这种饮品，在北魏一代，皇帝臣僚百姓无人不是它的拥趸，可想其数量之多，受众之广。

话说回去，王肃说茶只配给酪当奴仆，似乎是有些道理的，没准曹操、司马炎要与他同时代，还得给他点个赞。但其实，王肃的回答未必是发自肺腑的。

这话还得从头说起。

王肃是东晋丞相王导的后人，本来生活在南朝齐，才能也很是突出。哪知，一场突发的宗室内乱，导致其父兄皆为齐武帝萧赜所杀。抱着政治避难目的投奔北魏的王肃，起初在饮食上完全是南人的作风，根本吃不下羊肉，喝不下酪浆，倒是一喝茗茶，便咕嘟咕嘟的，不到一斗不松口。因此，人送外号“漏卮”于他。

出于对高门中人的天然敬服，很多北方的士大夫一开始是十分仰慕王肃的，也时常学他饮茶的习惯。不过，北魏权贵们对此却多是嗤之以鼻，久而久之，高级宴会上，即便特置了茗饮，北方士大夫都不好意思去饮用，倒是不少南投的士大夫，依然“初心不变”。

实际上，孝文帝问王肃对南北饮食的看法，是在王肃扎根北魏多年后的事。这么些年来，王肃仕途极为顺利，还娶了陈留公主（彭城公主），成了南北朝时期的陈世美（前妻为谢夫人）。于是，他从生理和心理上都不得不入乡随俗，也难怪他会说出“与酪作奴”的话来。

在魏晋南北朝时期，缺乏酪饮的南方人，对酪的推崇程度是很大的。然而，这情形在汉朝是不可想象的，彼时，公主刘细君远嫁乌孙，曾作《悲愁歌》（《黄鹄歌》），中有二句吟道：“穹庐为室兮旃为墙，以肉为食兮酪为浆。”

人是异域之人，物是他乡之物，这样的生活，她是真过不惯呀。除了个人时运不济之外，汉朝时中原地区很少食用酪饮，也是她心情郁闷的重要原因。如果从这个层面来说，魏晋南北朝时的胡汉交融程度，确实是高得多了。

小贴士

【水厄】西晋司徒王蒙酷好饮茶，但凡有人到他家去拜访，便请人喝茶。实际上，有些客人不是太爱喝茶，也有些人喝不了那么多。于是，“士大夫皆患之”，每次必须前去拜候他的时候，便会说：“今日有水厄。”“水厄”，本是指溺死之灾，但在魏晋时，那些不惯饮茶的人，便将喝茶戏称为“水厄”。再后来，这个词也可指嗜茶。

【茶水小贩】在晋元帝司马睿时，“有老妪每旦独提一器茗，往市鬻之。市人竞买，自旦至夕，其茗不减。”这个记载出于东晋《广陵耆老传》。文中提到的这个老妪，应是文学作品中所刻画的我国最早的茶水小贩形象。

第五章　禁酒令背后的故事

《五柳先生传》是东晋田园诗派创始人陶渊明的自传散文（有争议）。在简淡有趣的文字中，陶渊明说他平生有三大爱好，一是读书，二是饮酒，三是写文章。

将读书、写作视为平生志趣实在再正常不过，而饮酒一好，看起来似乎与这个心淡如菊、卓然不群的人有些不搭，但他可一点也不讳言，直说道："性嗜酒，家贫不能常得。亲旧知其如此，或置酒而招之。造饮辄尽，期在必醉；既醉而退，曾不吝情去留。"

这性情，和陶渊明本人的逸事倒完全对应得上，故此，说五柳先生便是他自己，应该问题不大。前文提过，在某年的重阳节里，陶渊明没有酒喝，心情正有些郁闷，正好江州刺史王弘听说这事，便火速为他送来。二人就着菊花喝酒谈心，不醉不散，倒也是人生一大乐事。

陶渊明爱喝酒，这是公认的，而他自评的那个"嗜"字，更是说明了这个爱的程度。好友颜延之知道他穷，临别在即硬留了两万钱给他。不过，陶渊明却没拿这钱去补贴生活，反而立马寄在酒家那里，方便日后付账。

酒瘾奇大的陶渊明，甚至得到了庐山东林寺慧远禅师的特许，在佛寺中也不忌口。说起来，一个人要是太过任性，一定会招人厌，但因陶渊明待人接物也如此随意，这就另当别论了。南朝梁昭明太子萧统，曾在《陶渊明传》中，说他宴客之时要是喝得酩酊大醉了，就会笑道："我醉欲眠，卿可去。"

这直率豪放的性子，很对诗仙李白的口味，于是我们看见了《山中对酌》一诗："两人对酌山花开，一杯一杯复一杯。我醉欲眠卿且去，明朝有意抱琴来。"有诗，有酒，有琴，这样的惬意自在，实在是人生的大幸。

说回到魏晋南北朝吧。如果说，在饮品上头，南人喝茶北人饮酪是一种时风，那么饮酒则是不分地域、具有最多受众的一种了。因此，出名的酒鬼，自然远远多于好茶喜酪的人。

东晋时，有个叫毕卓的人，嗜酒程度可与陶渊明相媲美。某天夜里，他突然闻到邻家新酿的酒香，便屁颠屁颠地跑去人家酒瓮前偷饮。您想啊，这黑灯瞎火的时候，谁家家里突然闯进这么个活物，不被吓一哆嗦呢？赶紧的，"蟊贼"在好心人的帮助下，被抓了起来，可怎么瞅着有点儿眼熟呀？等到日出东方，借光好生看一看，邻居真有些哭笑不得——原来是熟人啊！

本来嘛，以毕卓吏部郎的身份，怎么也没必要去偷酒喝。这样任诞狂奔的风格，却是邻居所欣赏的，二人索性对坐樽前——哦不，瓮前——一道痛饮起来。这故事饶有趣味，故此后来民间便有"瓮边醉倒毕吏部，马上扶归李太白"的对联流传下来。

在画作《毕卓盗酒》中，齐白石题道："宰相归田，囊中无钱。宁可为盗，不肯伤廉。"看来，老人家对毕卓的评价甚高。陶渊明喜欢赏花喝酒，而毕卓也是个妙人，他曾自述一生所愿，是"得酒满数百斛船，四时甘味置两头，右手持酒杯，左手持蟹螯，拍浮酒船中，便足了一生矣"。

初见此语，脑里浮现的便是毕卓在浮动着酒香的湖面，眯着眼儿，一边啃那螃蟹脚，一边喝酒的情形。湖面波纹频生，小船任意东西，人呢，也是优哉游哉，放浪形骸，一副万事与我不相干的闲散样子。

当时，毕卓与胡毋辅之、阮放、阮孚、谢鲲、羊曼、光逸、桓彝结为好友，时称“八达”。到了晋元帝太兴年间，毕卓因饮酒而废职。这事儿看起来似乎挺遗憾的，然而，在那个政局动荡的时代，不见得是一件坏事。或者说，一开始，他的所作所为都抱着避祸的态度，酒于他而言，除了是心头好以外，也是脱困的一条捷径。

这里，既然说到酒鬼，当然不能不提一个团队——竹林七贤。

按照嗜酒程度，不妨来对这七人重新排排序吧。刘伶若是排第二，估计没人敢争第一。我们便先来说说这位酒鬼吧。

民间有句话，叫作“杜康造酒刘伶醉”。相传，刘伶曾路过杜康酒坊门前，听说对方夸口“不醉三年不要钱”，于是大不服气，进门一试。嘿，没想果真三碗就醉。三年后，刘伶酒醒过来，酒量也更大了，还感染了他的夫人。最后，夫妇俩喝得醉死过去，子孙们无奈得紧，只得将他们合葬了。

其实，这个传说倒不怎么靠谱，第一，在魏晋南北朝时期，真正让人一饮即醉的酒倒是有，但肯定不是什么杜康酒坊出品的——北魏河东人刘白堕酿造的鹤觞酒，这酒“饮之香美，而醉经数月不醒”，某次，南青州刺史毛鸿宾路遇强盗，很戏剧化地用酒放倒了他们，因此此酒又名“擒奸酒”；第二，刘伶的夫人是反对他喝酒的。为啥？喝酒伤身误事呗！

《晋书》中说，刘伶时常抱着酒坛子坐鹿车出去“兜风”，还命仆人荷着锄头跟在后面，意思是——哪儿死了哪儿埋。

令人意外的是，如果资料无误，刘伶最后差不多活了80岁，倒是长寿得让人意外，可他在生时真没少让夫人操心。有时候，是他醉后跟人吵架，瞅着别人拳头，说自己不过鸡肋般细瘦，放不下别人的拳头；有时候，又是他光溜溜地在官邸（时任建威将军王戎的参军）饮酒，面对突然造访大是惊讶的客人，还反驳说："天地是我的房子，房子是我的衣裤，你们咋钻我裤裆里来了？"

真的，这老兄酒后的所作所为，忒丢人了，夫人对此能不上火吗？某次，刘夫人气得不行，哭着毁了他的"作案工具"，劝他务必要戒。刘伶嘴上说，要去神明前忏悔发誓，才能戒酒成功，背地里却在神桌面前，祝告说："天生刘伶，以酒为名；一饮一斛，五斗解酲。妇人之言，慎不可听。"

您说，摊上这样的丈夫，刘夫人该操了多少心？对此，北宋陈与义很是感慨，遂有诗句云："奈何刘伶妇，苦语见料理。"

刘伶嗜酒如命这也罢了，还亲自动手写过一篇骈文《酒德颂》。里面提到的那位有德之人，"衔杯漱醪"，喝酒喝得"无思无虑，其乐陶陶"，"静听不闻雷霆之声，熟视不睹泰山之形"，可是逍遥自在得很呐！

事实上，看看刘伶烂酒瘾的模样，这个有德之人若是说的他自个儿，似乎不太让人服气。

不过，比起阮籍来，我们更愿看到刘伶崇尚老庄无为、没心没肺的模样，因为"竹林七贤"中排名第二的这位酒鬼，完全是在借酒浇愁，以酒避祸，这真让人心疼。

明朝宗室学者朱权在《神奇秘谱》中整理、收录了阮籍的《酒鬼》琴曲。并评述道："籍叹道之不行，于时不合，故忘世虑于形骸之外，托兴于酗酒，以乐终身之志。"

回想阮籍这一生，司马昭要和他联姻，他一心想逃避，便去喝酒；母亲猝然离世，他悲痛得事后吐血一升，也要喝酒吃肉。这显然是借酒放纵，而不是在耍个性。看看吧，率意独驾，车迹所穷处，恸哭而返，这还不能说明问题吗？王勃说“阮籍猖狂，岂效穷途之哭”，对黑暗现实太过不满，总得寻个情绪的泄口，除了酒，他别无他选。

纵观整个魏晋时期，南方人多是喝米酒，比如春节的屠苏酒、重阳的菊花酒，而北方人更喜欢喝葡萄酒。南方贵族饮用葡萄酒的风气，还是在南北朝时才开始流行的。

有一点一定要注意的是，那时虽有“榷酤”这种不允私人酿酒及买卖，只准国家专卖酒水的制度，但几乎等同于一纸空文，酒店、酒肆往往产销合一，仅仅北魏时期的洛阳城，便有两个里坊的市民，大多从事酿造业。

同样形同空文的，还有禁酒令。喝酒误事是一个因素，更重要的是，酿酒所耗的粮食，让灾年频发的各届政府都伤不起，而丰年灾年主要看天意，因此各代的酒禁也是不断地三令五申，却收效甚微。

想想也是，在“醉生梦死”几乎已经成为一个时代通病的情况下，很多统治者也很不自觉地带头酗酒，那么，“只准州官放火，不许百姓点灯”，也难啰！

小贴士

【因酒丧命的皇帝】东晋孝武帝司马曜的死法，十分离奇，是因酒后失言，说不再宠幸张贵人，导致对方恼恨之下信以为真，而被活活捂死的。卒年仅35岁。张贵人谎称皇帝死因为“魇崩”，因多方利益的牵扯，她虽然遭到怀疑，却没受到处置。不过，史家吕思勉认为其中应别有内情，张贵人未必是元凶，但孝武帝酒后为人弑杀之事，应属实情。

【陶渊明酿酒】相传，“不为五斗米折腰”的陶渊明，在江西彭泽县就任时，在妻子的劝说下，在百亩公田里分种稻粱，各占一半。在酿酒之时，陶渊明曾将头上的葛巾取来滤酒，后仍用来扎头。“半升仅漉渊明酒”，苏轼曾在诗中用过这个典故。

第四辑 宫室苑囿，日常家居

第一章 长安与洛阳，是最华丽的忧伤

中国素来有许多的古都，长安（今西安）、洛阳等，都是其中的佼佼者，在此定都建立政权的朝代非常多。但同时，由于战乱等原因，这些城市都不同程度地遭到了许多毁灭性的破坏。因此，每次改朝换代，当政者总免不了要重新建都，重新修筑许多新宫殿。

要说寓意的话，长安这“长治久安”的意头，听着很是吉利。可事实上，千年以来，长安所受的创伤可不小。一起来数一数——

第一次，在西周王朝时，镐京被西戎攻破了，短期内无法再次建都；第二次，秦朝末年，项羽放了一把大火，咸阳（含今西安和当时的咸阳）很快便“宫阙万间都做了土”；第三次，王莽篡汉之后，更始军攻破长安，“金城千里，天府之国”的帝都伤痕累累；第四次，东汉末年时，西凉军阀董卓挟逼汉献帝刘协迁都长安，李傕、郭汜之乱接踵而至，一时间令“关中地区二三年无复人迹”。

魏晋南北朝时期，长安被毁了三次。

一是在魏蜀吴三国时期，西凉军阀马超造成的；二是在西晋时期，汉国将军刘曜入俘晋愍帝，灭亡西晋，战后关中地区人口锐减，只余百分之一二；三是在隋末时期，李渊、李世民父子攻破城池——不过，这有点儿“祸兮福之所倚”的意思，时名为“大兴”的长安，成为唐朝帝都的选择。

自此以后，面积为西汉长安城2.4倍的新长安便成了大唐的一个典型标志，增修的大明宫和兴庆宫等宫殿，无疑是建筑史上的瑰宝，其严谨合理的布局，成为友邦都城建设的模板，日本的平城京和平安京对此都有高度的参考和借鉴。

只可惜，长安第八次，毁于唐玄宗时期的安史之乱；第九次，毁于唐代宗时吐蕃军的烧杀劫掠；第十次，毁于唐德宗时的泾原镇兵；第十一次，毁于唐僖宗时的黄巢起义——加上朱温为要挟唐昭宗迁都洛阳，在长安犯下的暴行，此后它元气全失，再也没了成为王朝首都的资格。

至于再后来，宋明清时期，长安所罹的灾祸，这里暂且不提。

在福祸难料的历史长河中，从西周到唐代，长安先后成为十三个（有争议）政权的都城，它是当之无愧的中国四大古都之首。在魏晋南北朝时期，就有西晋（愍帝4年）、前赵（11年）、前秦（33年）、后秦（34年）、西魏（22年）、北周（25年）在此建都。

考虑到洛阳的地理位置和物资运输上的便利，自从东汉光武帝刘秀迁都洛阳以来，长安只是作为西都而存在，皇帝们大多只在祭祀宗庙时前往小住。这种情形开始有变化，是在东汉末年初平元年(190年)，董卓挟天子以令诸侯之时。

后来的事大家都知道，建安元年(196年)时，汉献帝刘协再次东还洛阳。总的来说，作为汉献帝刘协的临时帝都、曹魏的陪都、西晋愍帝的暂栖之所，长安的重要性体现得不是太明显。直到十六国时，匈奴贵族刘曜所建的前赵将此定为帝都后，它才在这乱世之中，再度成为野心家们最为青睐的帝都之选。

然而，石勒很快反刘而自立，亦称赵王，还夺了前赵的东土。为了争地盘，刘、石时常兵戎相见，最后，治国无方的皇帝兵败被擒，前赵主力被尽数消灭，亡国之日渐近。

十六国时期氐族贵族苻健建立了前秦，苻坚是其中极富有才干也颇有争议的一位皇帝。如果不是因为苻坚不听王猛临终前的劝言，硬要与东晋决战于淝水之上，或许“风声鹤唳，草木皆兵”的典故不会出现，或许他将来一统南北也说不定。八十万（号称）军力惨败于八余万北府兵后，前秦逐渐瓦解。

接下来，在长安定都的是后秦。这是由羌族贵族姚苌所建的政权，他本人曾效力前秦，却又趁着前秦内乱擒杀了苻坚，向来为主流人士所唾弃，大部分人都认为，姚苌最后能得以善终，实在是运气到家了。

后秦政权经过姚兴、姚泓两代，终究为东晋平北将军、兖州刺史、都督南秦州诸军事刘裕（后为南朝宋开国皇帝）所灭族。耐人寻味的是，已经故去的前秦宰相王猛的孙儿王镇恶也参与了作战。他占领过洛阳，进抵潼关后，最后终于率师攻陷长安。这似乎是有一些为前秦报仇的意味呢。

接下来，长安城内生出了乱子，一是与刘裕速速南归，胡夏皇帝赫连勃勃的进逼有关；一是与长安的镇将之间的内乱有关——王镇恶首先被同伴沈田子所擅杀——一笔糊涂账确实算不清。末了，长安得而复失。

这次，赫连勃勃没有以长安为都，而是在朔方水北、黑水之南修筑了一座名为“统万”的新城，以之为都。长安再次成为帝都，是在西魏时。

鲜卑族拓跋部人所建的北魏，无疑是整个魏晋南北朝时期存续时间最长的朝代，但可惜，导火索六镇起义点爆了脆弱朽烂的引线，北魏终于还是因君臣和权臣间的争斗而一分为二了。永熙三年（535年），宇文泰以元宝炬为帝，定都长安，但全天下都知道，真正的统治者并不是文帝元宝炬。

傀儡皇帝，焉能不亡国，一切只是早迟而已。跟着，篡魏的北周、篡北周的隋朝，都理所当然地定都于长安。只是，隋文帝杨坚起先是定都长安，设洛阳为陪都，仅在一年后，又在旧城旁另建了大兴城。所以，隋唐的都城长安，与汉朝以来的旧都长安，还是有一些区别的。

千年以来，长安深受帝王家的青睐，但也因此而泣泪忧伤过，那么，洛阳的情况又怎样呢？

相比历史上第一座被称为“京”的长安，有着“天下之中”“九州腹地”美誉的九朝古都（有争议）洛阳，至今也有近5000年历史了。从东周时代起，洛阳就与东汉、曹魏、西晋、北魏、隋、武周、后梁和后唐结下了缘分。

今我思之，在历史的翻云覆雨中，洛阳的兴替、盛衰也像长安一样令人唏嘘不已。仅仅说说从两汉到魏晋南北朝之间的浩劫，就有不少。

第一次，作为东汉的帝都，董卓以汉献帝刘协为傀儡。西迁长安之日，也便是洛阳遭遇人祸之日。“拆了东墙补西墙”不说，整个洛阳城被付之一炬，百姓多遭屠戮，惨不忍睹。

还好，残破的洛阳在沉沦数十年之后，魏文帝曹丕从许昌迁都于洛阳，才让它恢复了生机。接下来，西晋仍以洛阳为都，但第二次浩劫也很快来临了。西晋的国祚如果以灭东吴开始计算，不过37年。末年时，一度“服事供职，同于编户”的内迁民族，一次次戳伤洛阳的脊梁，仅仅是在永嘉四年（310年）冬天，洛阳就遭到了匈奴刘渊（养子为刘曜）的三次围攻。

这么个折腾法，洛阳能不遍体鳞伤吗？永嘉五年（311年）七月，洛阳终于失守，晋怀帝被俘。五年后，长安也失守了，西晋宣告灭亡。五胡十六国的百年之乱，也就此启幕。

东晋以建康为都，洛阳为中京，南朝宋也没对洛阳表示特别的关注。继北魏太武帝拓跋焘在洛阳设置洛州后，孝文帝元宏再次将目光投向了它。为了顺利地从平城迁都往洛阳，孝文帝做出了不少牺牲，甚至是自己的太子。

太和十八年（494年），对洛阳来说无疑是个大日子。然而，好景不长，孝文帝死后不过30余年，城中的永宁寺佛塔便毁于天灾，北魏也随即灭亡了。

那么，问题来了，洛阳在北魏分裂后，到底是归东魏还是西魏呢？

大统三年（537年）入冬后，宇文泰派出独孤信（独孤如愿）等人，驰出潼关，占据洛阳。曾经繁花似锦的洛阳，搞成荡然一空、宫室倾颓的惨况。独孤信是想尽力修复它的。于是，他一面处理军务、安抚人心，一面派遣外兵郎中权景宣，带了3000步兵去伐木，准备修缮宫殿。

遗憾的是，西魏这方守住洛阳的时间不长。东魏大行台侯景等人整军于虎牢，打算收复失地。独孤信据金墉城坚持了十来天，侯景心急火燎之下，索性纵火焚烧了本来就很残破的洛阳城。两魏间的第三次大战，史称“河桥之战”。

两军扭打之后，军阵又长，雾气又重，连敌友都分不清了。宇文泰火冒三丈，领军西返。洛阳城因无人驻防，又回归于东魏，可不知高欢是怎样想的，居然令人彻底毁去了它——之前，高欢欲建都于邺城，派人拆过洛阳的宫殿。

底蕴深厚的洛阳城，而今疮痍满目，直到隋朝开皇元年（581年），隋文帝杨坚在洛阳置东京尚书省，它的元气才渐渐恢复，真是令人叹惋。

小贴士

【平城】平城，在今山西省大同市，是北魏中期都城——早期在盛乐（今内蒙古和林格尔县以北），因代王拓跋珪改国号为“魏”而始，再早一些的代国时代，国都在牛川（今内蒙古锡拉木林河、呼和浩特市东南）。

平城以汉朝的平城县为基础，进行扩建，一跃成为当时北方政治、经济、文化的中心。从道武帝拓跋珪到孝文帝期间，平城作为都城共使用了97年，后毁于孝昌二年（526年）的六镇起义。其营建布局遵循“营宫室，建宗庙，立社稷”的原则，组成部分为皇城、京城、郭城。郭城外设置有四方四维，按照鲜卑旧制，置八部帅统兵分兵镇守。

【统万城】统万城，有“白城子”和“赫连城”的别称，分别来源于其城墙的颜色和胡夏皇帝赫连勃勃。作为如今匈奴族所遗留的唯一一座都城遗址，拥有近1600年历史的统万城无疑是具有历史研究价值的。统万城的营建布局为内城加外城，内城又分东、西两城，素来以坚固著称。勃勃曾自夸道：“朕方统一天下，君临万邦，可以统万为名。”他又“名其南门曰朝宋门，东门曰招魏门，西门曰服凉门，北门曰平朔门”，大有并吞天下的野心。然而，太武帝拓跋焘在位时，攻克了统万城，胡夏不过二世而亡。

第二章　铜雀春深，可曾锁过二乔？

“东风不与周郎便，铜雀春深锁二乔”，这是晚唐杜牧托物咏史、自表其志的诗句。虽说诗人“立意必奇辟”，此事在真实时空不曾发生过，但一直以来，邺城里有个铜雀台，铜雀台为曹操蓄养姬妾歌伎、纵情享乐之所的看法，很少有人怀疑过。

事实果真如此吗？

首先说，赤壁大战发生于建安十三年（208年），而铜雀台则是初建于建安十五年（210年），曹操就算是以强胜弱，也不可能有这么一个地儿来锁系二乔。其次，仔细研究邺城三台——金凤台、铜雀台、冰井台的营建布局和修筑原因，我们会有更多的新发现。

根据东晋陆翙《邺中记》的记载，建安十五年时，曹操击败了袁绍及其三子，又得到北征乌桓、荡平北方的战果，接下来才在邺城（今河北省邯郸市临漳）漳水之畔修建铜雀台。

众所周知，曹操是在建安二十二年，才确立了世子曹丕的地位，这时的家中诸子在他而言，都是可造之才、可托之后。于是，曹操“将诸子登台，使各为赋”，颇有比较高下的用意。

此时，曹植“援笔立就”，倾倒一席，曹操颔首称许，封他为平原侯。约莫从这时起，曹植在父亲心目中的地位已经非比寻常了，但可惜的是，笑到最后的人不是他。

从明后而嬉游兮，登层台以娱情。见太府之广开兮，观圣德之所营。建高门之嵯峨兮，浮双阙乎太清。立中天之华观兮，连飞阁乎西城。临漳水之长流兮，望园果之滋荣。仰春风之和穆兮，听百鸟之悲鸣。天云垣其既立兮，家愿得而获逞。扬仁化于宇内兮，尽肃恭于上京。惟桓文之为盛兮，岂足方乎圣明！休矣美矣！惠泽远扬。翼佐我皇家兮，宁彼四方。同天地之规量兮，齐日月之晖光。永贵尊而无极兮，等年寿于东王。

——《铜雀台赋》

（《三国志·魏书十九·任城陈萧王传》裴松之注所收录的版本）

铜雀春深，似乎更像是曹植命运的一种见证。我们说建安文学（我国诗歌史上文人创作的第一个高潮），就绕不开那批文学家们，自铜雀台聚会而始，争先抒发的襟怀。试问，有着这样丰厚底蕴的铜雀台，怎么可能是一个骄奢淫靡的所在呢？

在建安时期，铜雀台高十丈，在其后相继落成的是金虎台（后改为“金凤台”）和冰井台，分别在铜雀台的南北两侧。“飞陛方辇而径西，三台列峙以峥嵘。亢阳台于阴基，拟华山之削成”，正如西晋左思的《魏都赋》中所言，邺城三台之间以阁道相通连，彼此呼应。左思又说，“上累栋而重溜，下冰室而沍冥”，可见，它们在当时不仅是邺城的制高点，可供览胜游玩，还有着储备冰块的作用。

冰块是拿来做什么的？作战时，保障饮水是极为重要的一环，而水源很容易被污染、被破坏，所以储备冻结的水源，既可保其化水后洁净安全，又不必担心其渗透干涸，真是妙哉！既然此处可以储冰块，那么，再储备粮、盐等军备物资，也在情理之中了。

正因曹操的创举为世所肯定，所以，到了十六国后赵石虎时期，他们又将铜雀台的高度增加了二丈，并增建了五层楼。这样一来，铜雀台的总高度就达到了十五丈。不但如此，铜雀台的面积也被大大地扩充开去，共占地二十七丈，“周围殿屋一百二十房，房中有女监、女妓”——很可能，对曹操修建铜雀台目的的歪曲认识，是来源于石虎等人的这番折腾。

值得一夸的是，后赵时期的一个重大创举，是运用了折叠伸缩式的活动浮桥，用来连接邺城三台。“上作阁道如浮桥，连以金屈戌，画以云气龙虎之势。施则三台相通，废则中央悬绝也”，如果《邺中记》中没有吹牛，想象一下合页收起来之后，铜雀台独独耸立于邺城高处的景况，真是令人不得不惊叹。

为了让铜雀台更为体面，石虎甚至还让人把西晋洛阳宫殿中的贵重物件搬来，还特意“应景”地制作了个高达一丈五尺的大铜雀，放在楼顶上。

不过，这“舒翼若飞”的大铜雀也没带给后赵什么好运气，其国祚存续的时间并不长。在东魏以邺城为都之前，前燕曾建都于此，对邺城三台加以修缮；之后，北魏道武帝拓跋珪和孝文帝元宏都曾将邺城作为帝都备选，可想而知，邺城在后赵时代，已发展到怎样的程度。

到了北齐天保九年（558年），文宣帝高洋征发30万工匠，整修邺城三台，并将铜雀台更名为“金凤台”，直至唐朝时才复以旧称。

除了邺城三台以外，邺城里的知名建筑还有不少。这里只说说华林园（一作“苑”）。

数数历史上的华林园，除了邺城以外，还有洛阳、建康这两个版本。在魏文帝初期，皇家御苑名为“芳林园”。芳林园的规模不算小，湖池、高台都有不少。魏明帝曹叡是历代皇帝之中，喜欢大兴土木的一个，大臣们对此忧心忡忡，便在奏疏中把殷商时的琼室和秦朝的阿房宫拿来作比，说担心皇帝穷奢极欲，会惹出大祸。

魏明帝都做了些什么呢？土山、水池、楼台、草木……能想得到的都下过功夫，特别是为了堆叠土山，还“使公卿群僚皆负土”，唉，这真是，大家背才是真的背！当然，他本人也没闲着，在对整个宫殿大修特修之时，还“躬自掘土以率之”。

因为原长安宫苑里，汉武帝的仙人承露铜盘在搬运途中“悲剧”了，魏明帝干脆重铸了一个。曹植后来还写过《露盘颂》，希望博得侄儿的好感，但事实上，再华丽的文辞，也无法打消对方的顾虑。

芳林园的扩建增饰，使之成为继秦朝的上林苑、汉朝的建章宫之后，又一个出色的皇家园林。特别值得一提的是，魏明帝还在“天渊池南设流杯石沟”，这是要与臣同乐，作曲水流觞之戏呢！

到了曹魏第一位傀儡皇帝曹芳继位后，为避帝讳，芳林园才更名为“华林园”。由于此后曹家的皇帝一个比一个傀儡，华林园也很少再进行大规模的修整了，不过，其宴集娱乐的性质倒还在，发布诏令的功能也还有。

在后赵时期，有沙门对石虎说：“胡运将衰，晋当复兴，宜苦役晋人以厌其气。”石虎深以为然，赶紧让尚书张群主持此事。可以说，除了铜雀台，华林园的修复增建也让百姓苦不堪言。赵揽、申钟、石璞等人上疏直谏也没有用，最后，60万民工中，死伤数以万计。

毫无疑问，赋予邺城的华林园以新生命的，是东魏。根据《魏书》的记载，孝静帝元善见曾“宴齐文襄（高澄）于华林园”，并连续在天平四年（537年）和元象元年（538年）这两年，亲自去华林园听审，可见，这时的华林园的功用，与曹魏时没多大的区别。

到了北齐时期，华林园被改名为“仙都苑”，这是因为武成帝高湛和后主高纬在对其进行大规模翻新增饰之后，觉得这里好比神仙居所。来看看——第一步，齐武成帝在其间封土筑五岳，引水汇成大池，因其可泛舟通船，故此乐滋滋地称其为“大海”；第二步，再在苑内增修了好些殿宇台观；第三步，齐后主新筑了好些建筑，比如在中岳北面的平顶山、东西面的楼阁、南面的峨眉山……

什么地方最有仙都的感觉？那是在那“大海”之中，设置了靡芜岛、三休山之类的园景，接着，连璧洲、杜若洲、修竹浦、龙游观、大海观、万福堂、流霞殿……纷纷而起，令人目不暇接。石虎若是见着这情形，恐怕也只能自叹弗如，说一声“后生‘可畏’”了吧？

匪夷所思的是，仙都苑中还建了一个贫儿村，是后主专门用来“换口味”的。在那里面，后妃、宫人都扮作商人——爱妃冯小怜更是当垆卖酒，风韵楚楚，他自个儿则扮成乞丐，嬉笑不已。嗐！“无愁天子”果然不是浪得虚名。

说罢铜雀台和华林园，再来说说邺城的城市布局。

本来，汉代的城市布局，要么是宫坊没有截然分开，要么是里坊包围宫城，但从曹魏时起，便有了宫坊分筑的格局；而北齐时的宫城，则居于邺南城（新修的）的北部正中，其格局直接影响了后代“中轴线对称”的城市营建模式。

所以，不必说北齐统治者对铜雀台的修复，也不必说他们对仙都苑的营建，成为清苑中买卖街、城关的范式，单说他们对古代都城规划新格局的继承发扬，都应该为之点个赞。

客观说来，北齐政府虽大耗民财，但能让邺城这等底蕴不及长安、洛阳的城市，能在建筑史上留下绮丽的一笔，其功终不可没。

小贴士

【里坊制】西周时期的闾里制度，在春秋至两汉时为里坊制所继承。这个“里”，有“区分界域”的意思，是说将全城分割为数个封闭的居住区，与此同时，人们又将商业与手工业限于“市”中。里、市之间，需以高墙、里门、市门隔开，宵禁甚严。北魏时，将“里”叫作“坊”，二者并称。

这种城市规划的布局及管理制度，在两汉至隋唐时期，一直都是盛行的，只曹魏都城特立独行。以北魏洛阳为例，彼时共有220个里坊，各住有近500户居民，由里正等官吏负责对其进行管理。

【凌云台】魏文帝曹丕称帝后，把洛阳正式定为国都。他在黄初二年（221年）十二月东巡时，命人修建了凌云台。北魏杨炫之在《洛阳伽蓝记·瑶光寺》中便提到，“千秋门内御道北有西游园，园中有凌云台，即是魏文帝所筑者”。后来，魏明帝曹叡在此间增筑了楼观，并留下不少逸闻。

有一则逸闻是关于楼观的倒塌的。话说，那楼观构筑得极为精巧，所有木材的轻重都预先称量过，四面重量完全一致，此所谓“台虽高峻，常随风摇动，而终无倾倒之理”。可惜的是，魏明帝心里总感觉不踏实，便多用了一块大木头来支撑它，楼台随即坍塌。这真是现实版的画蛇添足。

另外一则逸闻是关于书法家韦诞的隐退。韦诞本来师从张芝，兼学邯郸淳的书法，尤擅题署匾额。凌云台楼观筑好之后，魏明帝命韦诞前去题匾。大家都了解烛之武“夜缒而出”的情形吧，韦诞可没那个胆子，在“辘轳长絙引上，使就榜题”之时，被那“去地二十五丈”的高度吓得好一哆嗦，须发都变得皓然如雪了。于是，他回头就告诫子孙，学啥也别学大字楷法。

第三章 金谷园里的美男才子

> 繁华事散逐香尘，流水无情草自春。
> 日暮东风怨啼鸟，落花犹似坠楼人。
>
> ——（唐）杜牧《金谷园》

晚唐杜牧擅作七绝，这首《金谷园》，处处透着人事全非的沧桑感，至今读来都令人唏嘘。

这里所说的“坠楼人”是西晋时著名的美女绿珠。身为巨富石崇的宠姬，绿珠不仅生得绝艳，还长于吹笛、善舞《明君》。石崇向来杀人不眨眼，但对绿珠却疼爱得紧，每每在金谷园中会客时，会让绿珠出来歌舞侑酒。

这石崇既露富又不藏美，为人还这么嚣张，不惹人嫉妒都不可能。于是，金谷园中的集会好景不长，石崇的脑袋也在脖子上安得不太稳。不过，石崇在知道自己被依附于赵王司马伦的孙秀暗算，不可免于一死之后，却对绿珠说：“我是因你而获罪的。”没想到，这女子刚烈得很，说了一句“愿效死于君前”，便坠楼而死。

可以说，绿珠之死也是金谷园败落的一个形象印证了。昔日繁华，尽作烟散，杜牧凭吊金谷园遗址时，是带着伤情的。这里，我想说的是，值得后人铭记深慨的，除了绿珠，还有曾在这里集会的美男才子们。

他们有个听起来很拉风的并称，叫作“金谷二十四友”。可以说，我们了解这二十四个人，就大略领教了西晋文坛的面貌，因为，他们大多是当时“太康文学”的领军人物（不含傅玄）。这些人里面，有金谷园的主人石崇，“陆才如海，潘才如江”的陆机、潘安，“洛阳纸贵”的左思，“闻鸡起舞”的刘琨等人。

应该说，继建安文学、正始文学以来，太康文学也极具特色，文人的成就也不小，但是由于他们几乎都依附于鲁国公贾谧，被认为有屈节折腰的行为，所以其文采和才名多被埋没。

其实，公允地说，这些文人们在此结交，政治意义远小于以文会友的目的。就拿尽地主之谊的石崇和权贵贾谧来说，前者有《思归叹》《楚妃叹序》《琵琶引序》《金谷诗序》等代表作，后者好学有才，其文采也为人所称美，认为甚至可与西汉贾谊相提并论。

在古典园林史上，素来有“南兰亭，北金谷”的说法。在历史上，是先有《金谷诗序》，再有《兰亭集序》的。50年后，晚辈们的风雅集会，与其说是模仿踵美，不如说是较量挑战。正如《世说新语·企羡》中所载：“王右军得人以《兰亭集序》方《金谷诗序》，又以己敌石崇，甚有欣色。”

当然，王羲之自我感觉良好，肯定不算什么，但事实上《兰亭集序》的名声，的确甩出了对方几条街。再者，苏轼也评价道：“兰亭之会或以比金谷，而以逸少比季伦，逸少闻之甚喜。金谷之会皆望尘之友也；季伦之于逸少，如鸱鸢之于鸿鹄。”通俗地讲，这意思就是无论是人品还是文品，都是长江后浪推前浪，前浪死在沙滩上。

《金谷诗序》作于元康六年（296年）。

当时，石崇在这次文酒之会中，先写了《思归引》。“登云阁，列姬姜，拊丝竹，叩宫商，宴华池，酌玉觞。”文采还是大有可观之处的。之后，石崇回味无穷，又写了《金谷诗序》。

那么，这《金谷诗序》里都写了啥呢？简要陈述了自己当前的职位后，石崇开始描摹金谷园的风物：“有别庐在河南县界金谷涧中，去城十里，或高或下，有清泉茂林，众果竹柏、药草之属。金田十顷，羊二百口，鸡猪鹅鸭之类，莫不毕备。又有水碓、鱼池、土窟，其为娱目欢心之物备矣。”

这样的描述，是不是给人一边清雅着，却又一边世俗着的感觉？的确是。根据史料，造园艺术发展到魏晋南北朝时期，已经由之前的还原自然，变成了象征自然，此间格外讲究的是写意而不是写实。如此说来，金谷园的造园艺术却是在象征写意之外，同时兼顾了实用价值，显得与众不同。

为什么说是实用呢？您看，循着山形水势筑台凿池是不假，但同时，里面也栽种了好些果树、竹子、松柏、草药，还有用来加工粮食的水碓（利用水力可日夜加工粮食的机械）、养鱼池、土窟（主要指地下室）。

潘安说，金谷园中除可享山林之趣、吟咏之欢以外，还能凭岸垂钓、美食饱腹，可谓是人间至乐之所。郦道元在《水经注》中“清泉茂树，众果竹柏，药草蔽翳”的记载，也是一个有力旁证。

应该是受到金谷园营建的启发，后来谢灵运在继承祖父谢玄的庄园时，不仅注意池水、远山、坡地、楼阁的布局和映衬，还格外注重其实用价值。因为始宁别墅中自产谷物、果蔬，完全能自给自足，谢灵运在此间放任山水，很是自得其乐。只是，始宁别墅比起豪奢的金谷园来说，肯定算是洗净铅华、朴素至极了。起码说，在金谷园中，我们可寻不到茅草房的踪影。

在北魏那头，广陵王元欣就更加“务实”了，史称其“好营产业，多所树艺，京师名果皆出其园”。这是在干吗？做生意呗。虽说这也不算是“君子爱财取之有道”，但不得不承认，他很有商业头脑。

实际上，“竹林七贤”中的王戎“性好利”，早就这么干过了。《世说新语》中就写过他的“黑历史”——贪吝。后生石崇所有的水碓，王戎也是有的。他的园林也很不简单，比如其中所种的李树很不错（幼时就会辨李），他要拿出去卖果子，便会事先钻破李子的果核，以免有人种出好李子，来抢他的生意。据说，王戎和夫人最大的喜好，是夜以继日地手执象牙筹算家产。不过，主流观点认为，王戎这是在以此自污，避祸于乱世。

说回到金谷园。作为园林来说，山、水、花木、建筑，是必不可少的四个要素。金谷园里的建筑及其陈列又是怎样的呢？《金谷诗序》里没有说，史料中却有描述。

在金谷园里，有“极目南天”百丈高的崇绮楼，里面饰着珍珠、玛瑙、琥珀、犀角、象牙，和他巨富并爱斗富的个性很是搭调。崇绮楼，只是一个建筑上的典型罢了。

金谷园里的厕所也是非比寻常的。厕所这建筑，在当时叫作“溷”，左思花十年时间，写出令洛阳纸贵的《三都赋》，可不容易——家门口、庭院里、厕所里，都放着纸笔。他是生怕灵感溜走，酿成遗憾。

而金谷园里的厕所呢？

我们今天在厕所里，会燃点儿檀香，放点儿除味剂，这些在石崇看来绝对是小儿科。甲煎粉、沉香汁一类的名贵香料，才是他所青睐的。不仅如此，每间厕所里伺候客人的侍女，就有十多个，还个个都有几分姿色。

某一次，刘寔前去拜会石崇，人有三急时，竟然被里面华丽的装饰吓了一大跳，以为是进错了房间，唐突了主人的卧室。更要命的是，有侍女捧着香袋和新衣裳在一旁侍候，估计他也很难十分自在地“宽衣解带”了。

接着来看《金谷诗序》。

石崇说，因为征西大将军祭酒王诩要去长安，他和不少颇有名望的人在金谷园中为他饯行。白天黑夜里，他们多次游宴，地点不一，登高而望和列坐水边，都是有的。

我们应该还记得《兰亭集序》中，所说的“虽无丝竹管弦之盛，一觞一咏，亦足以畅叙幽情”吧，石崇却不这么觉得，他是“时琴瑟笙筑，合载车中”，走一路吹吹打打一路的。这种作风，自然是为后世的清流们所嗤笑的。

不过，我们得很认真地说，金谷俊游的美男才子们和兰亭集会的风雅名士们，有两点是极为相似的。一是他们都会赋诗以述感怀——前者虽不曲水流觞，但不能为者也要罚酒三斗，这应该是后世文人罚酒之滥觞；二是他们都在诗里感叹过生命的无常，畏怖于死亡的骤至。

“感性命之不永，惧凋落之无期。故具列时人官号、姓名、年纪，又写诗著后。后之好事者，其览之哉！”石崇如此慨叹道。

“固知一死生为虚诞，齐彭殇为妄作……虽世殊事异，所以兴怀，其致一也。后之览者，亦将有感于斯文。”王羲之这样顿悟道。

对照一下两篇序文，当然是后者开朗豁达得多了。

小贴士

【坞堡】众所周知，欧洲、日本有过一种特殊的城堡。这种城堡，以领主为中心，兼具住宅和军事据点的功能。这样的城堡，在我国也曾有过。大约在两汉之间，坞堡（坞壁）作为一种民间防卫性建筑，便已出现了。由于天下动荡，聚族而居的豪强地主争先构筑坞堡营壁，吸纳大量部曲和家兵，增强自卫武力。这种建筑，外观与城堡相类，四周有深壑高墙，内有密集的房屋，中有高楼塔台，以备瞭望防御之需。

后来，由大奴隶主、大封建主修建的营寨、城堡也被泛称为“坞堡”，他们所拥有的私人武装被唤作“坞堡兵”，由此而兴的家兵制，便叫作“坞堡兵制”。这种私属武装，势必与政府抢夺兵源和劳动力，自然得不到当局的支持。东汉光武帝刘秀便曾下令禁绝坞堡；北魏也实行过三长制，以冀取代坞堡主的地位，但都没能起到长久的效果。

史家陈寅恪在《桃花源记旁证》写道：“西晋末年戎狄盗贼并起，当时中原避难之人民……其不能远离本土迁至他乡者，则大抵纠合宗族乡党，屯聚堡坞，据险自守，以避戎狄寇盗之难。”简言之，社会愈是动荡，坞堡愈是北方百姓的生存依凭。如今还可以看见的围屋（土楼），一般被认为是永嘉之乱“衣冠南渡”后坞堡形制的遗存。

第四章　佛寺、石窟，是另一种瑰丽

千里莺啼绿映红，水村山郭酒旗风。

南朝四百八十寺，多少楼台烟雨中。

——（唐）杜牧《江南春》

说佛寺，我们依然可以从杜牧的诗说起。一首《江南春》，道尽历史沧桑，让人至今都感慨唏嘘。可事实上，除了南朝以外，北朝也十分流行佛教。

那么，佛教是怎样流行起来的呢？

应该说，佛教最初是从统治阶级上层流行起来的。我们都知道，西汉董仲舒独尊儒术，而儒家的核心就是“仁”。佛教中最经典的教义，莫过于“悲悯众生”“救苦救难”，而当战乱迭起，大家需要精神支撑的时候，统治阶层蓦然发现，“王治以仁，化民为恕”或许是更为安全有效的统治策略。于是乎，佛教就这样在统治阶层的倡导中，与本土文化迅速融合起来，中原内外都兴起了崇佛的时尚。

早在十六国后赵石勒时期，就有来自西域龟兹的佛图澄，获得君王的高度信任。由于石勒的崇佛态度，后赵境内很快营造起大量佛寺，人们竞相出家，向往能在佛的指引下，彻底脱离苦海，接收到西方极乐世界的甘霖、鲜花。

袈裟如云，梵音袅袅，一时间，后赵境内无论胡汉，大多信佛。前秦苻坚执政时，情况也与之相差不远。与此同时，东晋自开国以来，也已兴起崇佛的热潮。

到了北魏统一北方之后，历代皇帝几乎都将崇佛作为国策来考虑。明元帝拓跋嗣时，帝都平城内外，已是佛寺林立。但是不久之后，佛教就会在北魏遭受到一次巨大的挫折。

中国历史上有“三武灭佛”之说。三武，指的是北魏太武帝拓跋焘、北周武帝宇文邕，和唐武宗李炎。因这三位皇帝的谥号或庙号都带有个武字，故有此别称。后来，五代十国时期，后周世宗柴荣也进行过大规模的禁佛运动。

为什么要开展禁佛，甚至灭佛的行动呢？原来，崇佛一方面利于巩固统治，但另一方面，沙门既不事生产，又拥有大量劳动力，享有特权，这就不可避免社会财富向佛寺大量集中，与统治阶层抢夺财力、民力——唐武宗灭佛时，就有“十分天下财，而佛有七八”的说法。

故此，两者之间的矛盾，在积攒到一定程度时，就可能会被某些因素引爆。对于太武帝来说，引爆北魏世俗统治阶级和佛教阶层矛盾的引线，是司徒崔浩的建议。

崔浩出身于望族，对于经史阴阳术数之学，无所不通。参政军机的崔浩，深受道武帝、明元帝、太武帝的宠幸，因而，在他将道士寇谦之引荐给太武帝后，对方已逐渐改信了天师道，为此，一是派人去祭嵩山，二是在平城东南建天师道场，三是自称“太平真君”并以此作为新的年号。

太武帝对道教的执迷，很明显也有打压佛教势力的政治目的。统一北方是他的理想，而他最需要的便是兵力。之前，他已经在太延四年（438年）下诏，命五十岁以下的沙门还俗服役。等到第二年北凉被灭之后，太武帝更加容不下佛教了。

太平真君五年（444年）开始，太武帝诏令王公庶人，一概禁止私养沙门，凡有私匿的沙门，全家受戮。两年后，太武帝在镇压卢水胡人盖吴时，竟然发现长安一所寺院里藏匿了大量兵器。

应该说，从这时起，太武帝才真正决定对佛教斩尽杀绝——沙门与盖吴通谋造反，是绝对不可姑息的。

此后，北魏的灭佛政策更为严酷，长安的沙门，尽被诛戮，佛寺和经像也受到了毁坏。不过，由于笃信佛法的太子拓跋晃正在监国秉政，这自然也在一定程度上，为沙门、佛像、经论的保留，创造了条件。只是，北魏国境内的寺院塔庙，却几乎都遭了难。

太武帝驾崩，魏文成帝拓跋濬即位，开始复兴佛教。等到北魏迁都洛阳之后，洛阳城中佛塔的数量，远远不是“南朝四百八十寺”可比的。

《洛阳伽蓝记》中提过，在西晋永嘉年间，洛阳城里只有42所寺塔。可在北魏极盛时期，“京城表里，凡有一千余寺”。

在此著述中，洛阳的佛寺留下了极深的烙痕。今人都很熟悉的歌曲《烟花易冷》，即是取材于此。“繁华声，遁入空门”，于北魏洛阳中，佛塔林立，沙门众多，每个人的身上都或多或少藏着故事。

当时，洛阳最大的佛寺，是永宁寺。永宁寺是在熙平元年（516年）建成的，到永熙三年（534年）被天雷劈中焚毁时，不足20年历史。巧合的是，北魏王朝分裂也是在这一年，因此，不少人将此视为一个凶兆。

根据杨炫之的追述，由灵太后胡氏所立的永宁寺，位于宫城西南，占地面积达9万平方米。作为专供皇家礼佛的场所，佛寺以佛塔为中心，为木结构建筑，高达九层一百丈。筑好后，一百里外都能看见它的踪影。不过，在别的史料里，塔高要低一些，但它依然是古代佛塔之最。

南朝这头，造寺塔的现象也是极为普遍，由后妃、公主出资兴造寺塔的风气可谓是经久不衰。只是，“浮图塔，断了几层”，倾塌的山门，最终还是来不及等到历史转身。

相比而言，魏晋南北朝的石窟，因其建筑材质等原因，存留情况要好得多。在这个时期所开凿的石窟，可以说是融建筑、雕塑、石刻、绘画等艺术为一炉，别有一种中外文化交汇的瑰丽。

在五胡十六国时期，河西走廊上便开凿了炳林寺石窟。最初开凿这一石窟的，是西秦。西秦是由陇西鲜卑酋长乞伏国仁所建，存祚时间并不长。石窟是利用天然的岩洞建成的，四壁都凿满了佛龛。

坐落于河西走廊西端的敦煌莫高窟，最初开凿于十六国时的前秦时期，稍早于炳林寺石窟。莫高窟，俗称千佛洞，其后十六国、北朝、隋、唐、五代、西夏、元等朝代都在此续建，如今它已是世界上现存规模最大、内容也最完整的佛教艺术圣地，因此，莫高窟被列入世界文化遗产名录。

应该说，莫高窟是在唐朝时才进入了繁荣期，而中国四大石窟——敦煌莫高窟、大同云冈石窟、洛阳龙门石窟、天水麦积山石窟——中的另外三处，却都与北魏结下了不解之缘。

大同云冈石窟、洛阳龙门石窟分别是文成帝拓跋濬和孝文帝元宏（古阳洞为孙秋生所造）下令开凿的。麦积山石窟虽始建于后秦时期，但却兴盛于明元帝、太武帝时期，直至孝文帝时期，也在继续发展。

云冈石窟，在北魏帝都平城西郊。依山开凿，延山麓绵延，依然是其主要营建模式。

早期石窟的主要造像是高大丰满的三世佛，造像风格极为劲健质朴，在一定程度上融合了古印度犍陀罗、秣菟罗艺术的特点。

中期石窟是在北魏迁都前就已开凿出来的。因为执政者对此极为重视，在国力的保证下，云冈石窟的造像风格呈现出体型大而雕塑精的特点。洞窟造像中，释迦、弥勒佛的地位是突出的，释迦、多宝二佛并坐像也是十分常见的。一些完整的佛教故事，也通过造像的形式，生动地演绎出来，护法天神、伎乐天、供养人行列、维摩诘故事……不一而足。至于造像的衣着，则出现了褒衣博带的形象，这无疑是折射了胡汉交融的时风。

石窟的形制和造像风格，已经逐渐汉化了。到了北魏迁都洛阳后，虽然官方的开凿活动鲜有了，但凿窟造像的风气，却开始在社会中下层阶层兴起。这以后，许多小窟小龛出现在人们的视野中。限于财力和汉化加深等因素，不成组的单窟形式居多，造佛的面形较为消瘦，肩膀窄小下削，呈现出典型的“秀骨清像”的艺术形象。

当然，造像并不只以宗教人物为素材，为帝后造像也是常事。为今人知之较少的是，在麦积山石窟中，曾经还埋葬过一段伤感无奈的爱情故事。

在麦积山东崖，第43、44号窟被称为“魏后墓”和“魏后像”。这个魏后，指的西魏乙弗皇后。石窟佛龛正中塑有一尊弥勒佛，其身后的崖壁上，曾凿有一洞，安放过皇后的灵柩。

西魏国弱，文帝元宝炬必须得迎娶柔然公主，因此不得不废黜原配乙弗皇后。后来，皇帝想将出家的废后接回来，柔然便又对此施加压力，逼得他不得不含泪命她自尽。

武都王元戊和太子元钦很伤心，他们选择在麦积山凿龛葬母，此处被称为“寂陵”。

文帝驾崩以后，乙弗皇后的灵柩迁回与之合葬，因此第43号窟的魏后墓，只是一座空墓。

不过，今天我们还能在第44号窟，看见以乙弗皇后为原型的造像。造像为泥塑，可以说是北朝石窟造像中的代表。

造像面部慈悲庄严，还带着神秘的微笑，显得和蔼静穆，令人心生亲近之意。造像之人，应该对乙弗皇后这样一位善良悲情的女子，寄寓了很大的同情心吧。

小贴士

【佞佛亡国第一人】南朝梁武帝萧衍，是汉代名相萧何的第二十五世孙。为人多才广艺，兼擅文武，是梁朝的开国皇帝。可是，就是这样一位出色的皇帝，到最后却用“自我得之（天下），自我失之，亦复何恨”来慰解自己，沦为笑柄。

梁武帝在位48年，其间一共在同泰寺出家四次：公元527年，做了三天的住持和尚；公元529年，换上僧衣，讲解过《涅槃经》，由群臣捐钱一亿而赎回；公元546年，群臣以两亿钱再次将其赎回；公元547年，前后住了37天之久，朝臣惶然，后以一亿钱第三次赎回菩萨皇帝。

自梁武帝佞佛起，一方面广兴庙宇，一方面过于放纵罪犯，已伤国本，“侯景之乱”只是引爆矛盾的导火索罢了。最后，梁朝元气大伤，很快被东西魏蚕食掉，而梁武帝也被侯景活活饿死。究其佞佛亡国之因，是滥用宗教的权力，迷信臣民的自觉性。

【道教和道观】曹魏时，有鉴于黄巾起义，统治者对早期道教，或限制镇压，或利用改造，但门阀士族的加入，却使之分化加剧，分出了神仙道教（含天师道）和民间道教两个层次。到了南北朝时期，北魏道士寇谦之“除去三张伪法，租米钱税及男女合气之术”，又改“直诵”为“乐诵”，改革了北方天师道。南朝宋时，陆修静禁绝了道官自行署职，不断完善斋醮仪式，整理道教经典。南朝再晚一些的知名道教学者，是被时人誉为“山中宰相”的陶弘景，他的主要贡献是开创了茅山宗。但在南梁时期，陶弘景不得已佛道兼修，保全了茅山派的实力，其为好友沈约致以悼词时，曾说：“我有数行泪，不落十余年。今日为君尽，并洒秋风前。”

也是在陈诉自己的哀情。

东晋道教学者、炼丹家、医药学家葛洪在《〈关尹子〉序》中说："今陕州灵宝县太初观，乃古函谷关候见老子处，终南宗圣宫乃关尹故宅，周穆王修其草楼，改号楼观，建老子祠。道观之兴，实祖于此。"道观作为道士修炼的场所，在普遍崇佛的魏晋南北朝时期，无论是数量还是规模都逊色一筹。

第五章 客人，请独坐一榻

读过《孔雀东南飞》的人，一定记得刘兰芝被逼嫁时，“移我琉璃榻，出置前窗下”“朝成绣夹裙，晚成单罗衫”的景况。

这个琉璃，说的是一种半透明状、类似玻璃的材料，榻则是一种坐具，如《释名·释床帐》中“长狭而卑曰榻，言其榻然近地”的说法，一般是指狭长而较矮的床。

在魏晋时期，人们沿袭旧习主要采用跪坐姿势，坐在坐席之上。可稍有条件的人家，自然不甘于此，于是他们在家中还要备上各种材料的榻。为了便于使用，榻的高度不过才“高下六寸”，也就是15厘米的概念。至于说长度，可分为单人、双人、多人使用的情况，不尽相同。

那么，哪种规格的榻，才是最能表现待客之道的呢？先来看几个小故事。

“陈蕃为太守，不接宾客，唯（徐）稺来，特设一榻，去则县之。”《后汉书·徐稺传》中说，豫章徐稺（字孺子）一贯“恭俭义让，所居服其德”，有“南州高士”的美称，对于病人膏肓的东汉王朝，他自以为是无心无力，故此一再谢辞朝廷的征召。这样的一个人，引起了陈蕃的注意。陈蕃是谁？也是同时期的一位名士。因为他在京城洛阳得罪了权臣，如今被贬到豫章做太守。

懂得惺惺相惜的，不仅仅是英雄。陈蕃对徐稺极为敬重，一到豫章，首先去的不是官衙，而是徐稺的家——带着僚属同去的。当对方谢绝他的美意，依然不愿出任功曹之职后，陈蕃也不强人所难，事后特意为徐稺做了一个榻。这个榻，徐稺是有专门使用权的，他来了他独坐，他走了对方就挂起来了。

王勃《滕王阁序》中的名句还记得吧？他说江西南昌（即豫章郡治，因避讳唐代宗李豫的讳，原文曾一度变“豫章故郡”为“南昌故郡”）是一块“物华天宝，龙光射牛斗之墟；人杰地灵，徐孺下陈蕃之榻”的福地。

为客人奉上独榻，在两汉时可表敬意，这情形到魏晋南北朝时期也没多大变化。您看，东晋时，那个被殷浩推荐给庾亮的才俊刘遵祖，也经常获得“坐之独榻上与语”的资格；南朝宋时，那个因才学而为文帝所重的沙门释慧琳，每次被帝王召见，也“常升独榻”。

有关跪坐独榻，最有故事的当属曹魏时的管宁（割席断交的主人公）和北齐时的娄太后了。前者，“自越海及归，常坐一木榻，积五十余年未尝箕股，其榻上当膝处皆穿”，这自我约束的定力也是让人不得不服气；后者，本来好好地独坐小榻，没想到，被她越来越暴戾的儿子文宣帝高洋醉后误伤（高洋自称的），倒在地上。

事后，高洋亲自来跟母亲认错，还打算痛鞭自己一顿，又口口声声说要戒酒，可不过“一旬，还复如初”，真是伤透了母亲的心。

还有一个常识要注意，独榻除了是尊者的专席，也是一个人独坐的小型坐具。当然，限于材料等原因，双人和多人共坐的情况肯定是有的，这种情况一般被称为“连榻”。说起连榻来，令人哭笑不得的故事倒也有一个。

既然世人都知坐独榻为尊的道理，那么有些暴脾气的人，就有些不能容忍别人不对他另眼相待了。西晋时的羊琇是外戚，有这身份的人难免恃贵而骄，脾气也不是太好。当时，杜预拜为镇南将军，羊琇前去恭贺，但他看见杜预用连榻待客后，便悻悻地走了。好在，名士裴楷马上去帮主人追客人，羊琇这才消了气。

先前说过，在榻上人们一般使用坐姿，可那时的人们不都像管宁那样，无论在什么场合都采用跪坐姿势，否则他也不会成为礼教的高标了。实际上，时人在家居和独处时，采用箕坐（两腿大伸大屈）等其他坐姿，也是无伤大雅的。这就和我们在家穿拖鞋、在外穿皮鞋一样的道理。

可能有人要问了，如果身处公开场合的时间较长，这样跪坐下去，膝盖可怎么受得了，我们可没有小燕子做的那款“跪得容易”啊！这个嘛，古人们早就想到了。他们有俩“法宝”，一是凭几，二是隐囊。

凭几，又叫作倚几、隐几，是一种供人凭倚的家具。汉朝时的凭几，模样与案几相似，形体较窄，几部后面的上脑与扶手连成一半圈状，略有一些凸起的高度，蹄形足的三足分立于下，托起整个几部来，又别致又稳靠。

至于凭几的材质，也未必只是木料的，《西京杂记》中有载：“汉制天子玉几，冬则加绨锦其上，谓之绨几。公侯皆以竹木为几，冬则以细罽为橐以凭之”。这种情形在魏晋南北朝时期也相差无几。

既然要供人凭倚，凭几的高度自然要与人们坐下以后，侧靠或前伏的高度相齐，才便于使用。具体的使用方法，一是在休息凭扶之时，将肘部连带着前臂放在那上面，这种做法来源于汉制；二是在采取箕坐坐姿以后，可以以之为背部的倚靠。

到了南北朝时期，跪坐已经不“受人待见”了，即便是人们在公开场合，也更喜欢采用箕坐或是垂脚高坐的坐姿。这种风气的出现，显然是受到北朝的影响。北朝流行什么？流行的是一种名为“胡床”的坐具，它与汉族传统的坐榻区别较大，其形制与现在的折叠凳子（俗称“马扎”）相似，因其用料为绳和横木，所以又被称作“绳床”。

《后汉书·五行志》中，说汉灵帝“好胡服、胡帐、胡床、胡坐”，可见，胡床至少是在东汉后期就传入了中原地区，经过一段时间的酝酿，它的流行是必然的。

想象一个场景，今天您要出门钓鱼去，是愿意带上坐榻还是马扎呢？再想象一个场景，在家里使用胡床的时候，如果它比榻要高一些，您是觉得跪坐在上，还是垂脚高坐更舒服一些呢？毫无疑问，是后者。

南朝梁庾肩吾在《咏胡床应教诗》中吟道：“传名乃外域，入用信中京。足敧形已正，文斜体自平。临堂对远客，命旅誓初征。何如淄馆下，淹留奉盛明。”

也许，发明胡床的人自己都没想到，这样一种轻便易带的坐具，最终不仅成为南朝汉人们的新宠，而且还改变了他们的坐姿，并进而影响了古典家具的设计高度。

说回到与坐榻配合使用的俩法宝上去。选择箕坐姿势的人，为了在榻上坐得更舒服，往往还会在凭几之上，垫上一个隐囊。

“隐囊者，为囊实以细软，置诸坐侧，坐倦则侧身曲肱以隐之。”这句话不难理解，看看今人坐沙发时背上垫的靠枕，便更好懂了。

明朝高濂有一本《遵生八笺》的著作，堪称是中国名士养生的第一经典，其中《起居安乐笺》一卷说道：“榻上置二墩，以布青白斗花为之。高一尺许，内以棉花装实，缝完，旁系二带，以作提手。榻上睡起，以两肘倚墩小坐，似觉安逸，古之制也。”

好东西总是流传久远的，作为一种软性靠垫，隐囊带给人们的舒适感，是无以言喻的。当年，陈后主陈叔宝倚靠在隐囊之上，同时又让张贵妃坐在席上。

说到席，在当时一般指的是由蒲草所编的草席。东吴张纯说：“席以冬设，簟为夏施。”这个簟，很容易让人想起“红藕香残玉簟秋”这样的佳句，“簟”之一物，的确是字美物也美的，说的便是性凉宜夏天的细竹席。

如果要问，还有没有什么材质的席子，会比簟更为沁凉舒适，我想，应该是象牙席。左思在《吴都赋》中说，江南有特产名为“桃笙象簟”，桃笙是指用桃枝竹编的竹席，象簟便是这里说的象牙席了。

在当时的工艺条件下，要将象牙劈成细丝儿再来编织席子，绝非易事。所以，象簟的产量是极低的，也不知道陈后主的那位张贵妃，有没有机会坐上这样的席子。

天冷的时候，蒲草席自然也是不足以御寒的，这个时候就需要毡和褥了。李白的偶像之一，是南朝齐的谢朓。过去，谢朓去拜访江革。江革极为贫穷，大冬天里也只有单薄的棉絮和普通的草席。可就是在这种情况下，他仍然“耽学不倦”，看书看得好不认真。谢朓大为感动，便将自己的夹袄，连带着割下的半张毛毡，都送给了江革。

江革是士族的名流代表，历官八府长史，却能不屈从于权贵，甘于家徒四壁的清贫生活，的确是难能可贵。而谢朓这雪日赠毡的举动，想来也是让他心生暖意的吧！

小贴士

【民居】说民居，得分两头说。在北方，鲜卑人所用的，是一种名为“百子帐”的大毡帐。百子帐整体上呈伞状，其中的支架为木料，等到用牛毛绳绑扎好了四面，把厚毡覆在支架上即可。魏晋南朝的民居，则主要以木架构、土墙、外围院落的房舍和简陋的茅屋为主。无论南朝还是北朝，民间修筑楼房的情况都有，但相对较少。

【承尘】在唐朝以前，平棊（天花板）乃至藻井（覆斗形的窟顶装饰）是没有的。为了承遮尘土，人们在房梁横木之上，特意置上一层小帐幕，并取了个形象的名字，叫“承尘”。约莫在宋朝时，平棊——大的方木格网上置板，并遍施彩画的一种天花——也被称为“承尘”，但从材质上来说，它不算是传统意义的承尘。

在《后汉书·雷义传》中曾有一段记载，雷义曾经助人免于死罪，却不愿得到任何回报。对方实在过意不去，便趁着他不在家时，将金二斤悄悄放在承尘上。很久之后，雷义修葺房屋时，才得知此事。因为此人已死，无法再送还给他，雷义就把这笔钱上交给县曹了。

第五辑　行旅往来，游艺成风

第一章　晋武帝的羊车，真的和羊有关吗？

说起羊车来，大概有些人会露出暧昧一笑，这实在是因为，有一个典故和晋武帝司马炎有关，并且知名度很高。

根据《晋书》的描述，晋武帝贪恋女色，后宫佳丽有近万人之多。我们今天说不少人有选择困难症，做事时是左右为难不知如何是好，可这皇帝却不然，把每晚上的御幸权交给天意。这天意是什么，是羊。

原来，晋武帝解决疑难的办法是，让他的羊车在宫苑里自行走动，羊爱歇谁那儿他便宠谁。运气这种事，说有就有，说没有就没有，总不能“坐以待毙”是吧，经过观察分析之后，宫人们慢慢得出经验，要想受宠，还得先讨好羊儿才行。

于是，一个宫人因把竹枝插在门上，把盐水洒在地上，得到了羊儿的眷顾后，女眷们都纷纷效仿，以求一沾皇帝的雨露了。“羊车望幸”这个典故由此而生，后人将此推而广之，凡企望得到别人重视宠爱的心态，几乎可以以此来作喻。

因为这典故流传甚广，故此，很多人一听羊车，便习惯性以为一定就是指的宫中用羊牵引的小车。有关羊车，不光《晋书》中有记载，《南史》中也有潘淑妃以此获宠的记载。所以，羊车在后世便被打上了宫怨的标签，时不时被粘贴进诗词当中，直到清词中，还有“游丝不系羊车住，倩何人传语青禽”（朱彝尊《高阳台》）的句子。

然而，羊车在过去，真的与羊有关吗？来看看别处的记载。马上出场的人物，叫作卫玠。

和独孤信一样，卫玠也是魏晋南北朝时第一流的美男，不过前者是勇武阳刚的，后者却是阴柔文秀的，最后留下了一个“看杀卫玠”的典故，让人惋叹不已。当然，其死因也倒不仅如此简单，此处不作深究。

卫玠之美，在幼时就为人看重。“总角乘羊车入市，见者皆以为玉人，观之者倾都”，这是什么意思？是说他小时候乘坐羊车去市里，映入大家眼帘的，已经是个冰清玉润的小美男了。此处的羊车，与羊完全没有关系。

清代学者俞正燮在《癸巳类稿》中对魏晋南北朝时所用的羊车，予以了考证。据他之意，那时的羊车，主要是一种以人步挽的小车，得名的由来，一是因为挽车的多为头梳羊角辫髻的儿童，二是因为“古以羊为吉祥”。

在《隋书·礼仪志五》中，早有这样的记载，“羊车，一名辇，其上如轺。小儿衣青布袴褶，五辫髻，数人引之，时名羊车小史。汉氏或以人牵，或驾果下马。梁贵贱通得乘之，名曰牵子。”

这就是说，羊车实际上就是步挽车，又叫作牵子。《洛阳伽蓝记》中，曾有“帝给步挽车一乘，游于市里”的追叙；《北史》中也有北齐斛律金“乘步挽车至阶”，武成帝高湛“出昭阳殿，敕侍中高文遥将羊车引之”的记载。

由此看来，不但卫玠所乘的羊车和羊没有关系，就是晋武帝那轰动史册的艳闻，都可能有不尽确凿之处。想想看，在那个时代，皇帝贵人们都是坐的步挽车，他就一定那么特立独行的，非得要乘坐用羊牵引的小车吗？

翻开东汉刘熙《释名》中《释车》部分，再来看看——毕竟这是一部专门探求事物名源的字书，具有可信度。“羊车。羊，祥也；祥，善也。善饰之车。”装饰精美的车子，这应该就是羊车最初的含义了。

实际上，汉代的辇车（宫中所用的便车），基本上都是有轮车，到了魏晋时期，便去了车轮，开始使用人力担抬。综合刘熙的解释，再根据这样的考证，我想，以人步挽的豪车，或许更是“羊车望幸”里，“羊车”的真正含义。

且将目光从羊车移开，来看看此时所流行的其他交通工具。从车制上来说，陆路交通工具中供人乘坐的，主要有版舆、襻舆、篮舆，轺车、犊车、露车等。

版舆，别称为“步舆”，是一种木制的轻便坐车，由两人垂手握持。周迁在《舆服杂事记》中特别提到：“自天子至庶人通得乘之。”犹记得，《红楼梦》中描写贾元春归省仪仗的片段：“一队队过完，后面方是八个太监抬着一顶金顶金黄绣凤版舆，缓缓行来。”这是不是说，到了后来，版舆就是贵人的专属物呢？肯定不是。明清之际的钱谦益在《佟母陈氏墓志铭》中曾写过“中丞受新命，以兵宪治嘉兴，淑人版舆就养”的句子。

看来，版舆的生命力很旺盛，其使用阶层也是一直不受限的。

襻舆又称为“肩舆”，因其以皮为襻，加于杠上，以肩扛抬而得名，多用于尊者、老病之人。至于篮舆，有两种理解，一是说由人力抬着行走，类似后世轿子的交通工具；一是说一种竹制的坐椅。“富春车道既少，动经江川，父难于风波，每行乘篮舆，暑躬自扶侍”，《晋书·孙暑传》中有孙暑亲自扶持父亲乘坐篮舆的记载，可想此时的篮舆，应该是指后者。

供人乘坐的轺车、犊车、露车，也都是各具特色的。

轺车经过了一个由马到牛拉车的过渡期，“汉世贱轺车，而今贵之”，说明乘坐轺车的人，身份地位越来越高。犊车，顾名思义便是牛车了。应该说，这是当时最为流行的陆路交通工具了，只是，贵族所乘牛车的车型及装饰，是普通的牛车望尘莫及的。

要说露车，可以顺便说说鹿车。这俩发音相同，造型可不一样，一个是敞篷车，除了载客也可运货；一个是一人便可推行的独轮车，主要是货运车——诸葛亮就将它升级成了木牛流马——可是，放浪不羁的人，也是可以坐鹿车出门旅游的，大酒鬼刘伶就曾这么干过。

和别的朝代差不多，在魏晋南北朝时期，除了辇类、车类的交通工具，人们出行也是可以骑马的。何况，在这个时候已经出现了马镫，骑乘起马儿来更是便利。《红楼梦》中，湘莲“说着，丢下了薛蟠，便牵马认镫去了”，这个“认镫”，便是说的脚尖钻进马镫。当然，马镫肯定是由北而南流行开来的，毕竟东晋的士大夫们，是“出则车舆，入则扶侍”的，因此，在相当长一段时间内，出现“郊郭之内，无乘马者”的现象，也不稀奇。

话说回来，骑马虽然便利，但如果骑马的人不靠谱，不懂得在该“刹车”的时候“刹车”的话，势必会生出不小的乱子。这就跟今天如果不在主干道上限速一样，危险系数太大。为了防止骑马之人乱闯一气，魏晋南北朝时有一种特制的警戒设施，叫作“行马”。行马为木制品，个头较大，将它摆置于宫门前，还是能起到作用的。

行马多用于宫门前，但是，皇帝为了表达对某位大臣的优待之意，也可以允准他们将这物什陈设于宅邸之前。

比上述所有辇类、车类、畜类交通工具，行速更快或更稳的肯定是追锋车、骆驼之类的了，但是它们几乎都用于战场之上，不列入日常范围。

要出行，除了陆路，还可选择水路。相比而言，水路在南北双方，各自以邺城、洛阳和建康为中心。

在建安十八年（213年）时，曹操被封为魏公，便以邺城为都，开始打造邺城和黄河间的河道——先前已有平虏渠、泉州渠，现在凿出了利漕渠，再引漳水汇入白沟。洛阳这头，在北魏灭亡之前，伊、洛、谷水相通连的航运路线也极为发达。建康南拥秦淮河，北据玄武湖，这样有利的条件，到了三国吴定都之后，很快就被建立起来了。

无论陆路还是水路，人们出门时，一定还有一样东西不能忘记携带，那就是过所。过所是什么？如果您知道明朝的路引，就不难明白它的意思。《释名》中说："过所，至关津以示之也。"这是一种通过水陆关隘时，必须得出示的交通证明书。其目的是保证商贸往来，稽查行旅，防非法活动于未然。

因而，这种证明书上，既要写明出行人的年龄，还要备注对方随身携带的物件。相关守吏会一一核对之后，才予放行。过所制度直到唐朝仍在沿用，而且益发严苛。要是某个马大哈把这个东西弄丢了，会比较麻烦，因为它是由中央尚书省或地方都督府或州颁发，补发还得找他们审查去。

唐僧前往印度取经是得到官方许可的吗？在《西游记》中是，在真实历史上却不是。然而，对于这样一个因为没办到签证，而无可奈何做了偷渡客的和尚，我们应该更能感受到他的热望和虔心，理当更怀敬意才是。

小贴士

【《禹贡地域图》】西晋泰始四年至七年（268～271年）间，裴秀对《禹贡》中有关山川河流的记载，予以了考察，并在此基础上，主编完成了《禹贡地域图》18篇。这部历史地图集，将当时十六州的郡县和水陆图都绘制出来，是我国目前第一部有文献可考的历史地图集。

此外，裴秀还在序言中指出了绘制地图时，应遵循的六项原则——分率（比例尺）、准望（方向）、道里（距离）、高下（高取下，取下为水平直线距离）、方斜（方取斜，取斜为直线距离）、迂直（迂取直，取直为直线距离）。这六原则涉及比例尺、方向和距离等平面测绘的要素，意义重大。因为裴秀在地图学上的贡献，他是当之无愧的传统地图学奠基人。

【两大交通线路】在相当长一段时期内，围绕着建康和平城，构成了南北两方最大的交通网络。

前者，往西可至今天的九江、武汉、襄樊、荆州；向东可抵今天的镇江、丹阳、苏州、绍兴、温州、福州；向北可达今采石矶、和县；向东可到扬州、徐州。可以说是四通八达了。

后者，在京畿内与其他区都有所勾连，构成了折扇形的交通网络。平城与外界的联系，也有许多交通线，定州大道显得最为重要，修建而成后，其东段十分便捷易行，故此被唤作“直道”。另外，连接平城与晋阳的并州大道，更早于平城发展起来，此时也是一条重要的商旅道路。总之，平城不仅是北魏的帝都，更是北方交通干线的中心。

第二章　藏钩、射覆，文艺人士的最爱

“身无彩凤双飞翼，心有灵犀一点通”，这是李商隐《无题》中耳熟能详的诗句，但人们往往对于接下来的两句，印象不深。想来，“隔座送钩春酒暖，分曹射覆蜡灯红”，之所以不够家喻户晓，应该有今人对藏钩和射覆这两种游戏，不是太了解的原因在里面。

简单说来，这两种游戏，都和竞猜有关，且时常出现在酒宴之上。

藏钩起初流行于汉宫之中。游戏的起源，相传是来自于汉昭帝之母钩弋夫人。夫人天生握拳无法伸展，但汉武帝刚一触其手，她的拳头便张开了，其中还握着一个玉钩。汉武帝龙心大悦，便召她入宫恩宠备至。后人因此学作藏钩之戏，将玉钩、银钩等物件攥在分作两组的某一人手中，命对方猜猜物件的所属。

魏晋南北朝时，除了在酒宴上藏钩作酒令之外，人们在什么时候玩这个游戏呢？

在《采兰杂志》中，我们可以看见这样的记载：“每月下九，置酒为妇女之欢，名曰阳会。盖女子阴也，待阳以成。故女子于是夜为藏钩诸戏，以待月明，至有忘寐而达曙者。”因此，藏钩最早可以说是闺阁之戏，或者说，一直以来都有闺阁之戏的内涵。不然，李白诗中的“更怜花月夜，宫女笑藏钩”便无从写起了。

在《孔雀东南飞》中，兰芝拜别小姑时说道：“初七及下九，嬉戏莫相忘。”这里所说的嬉戏，自然就包含了藏钩之戏。

然而，除了酒宴上的“隔座送钩”，和每月十九日晚上的闺阁之戏，魏晋南北朝的人们，更爱在守岁之夜玩这个游戏。“岁前，又为藏彄之戏……叟妪各随其侪为藏彄，分二曹以校胜负。”《荆楚岁时记》中，有这样的记载。

这其中一定有它的说道。这说道，很可能与藏钩的另一个起源有关。

西晋周处在《风土记》中说道：“进清醇以告蜡，竭恭敬于明祀，乃有藏行。”这是说，在腊日那天，人们会用美酒进祀给先祖。要表达恭敬之意，他们会在献祭之时，把手上的戒指、顶针之类的物件藏起来。时日一久，便有了藏钩的时俗。

腊日与除夜相隔不远，这也许便是守夜时老少们一起玩藏钩游戏的原因。

那么，这样可以全民参与的游戏，到底该怎么玩呢？李商隐就说了个“隔座送钩”，实在令人不太明白。且来看看这首诗。

世途倚伏都无定，尘网牵缠卒未休。
福祸回还车转毂，荣枯反复手藏钩。
龟灵未免刳肠患，马失应无折足忧。
不信君看弈棋者，输赢须待局终头。

——（唐）白居易《放言》

这样一种宴会游戏，给了老白很多的感触。“福祸回还车转毂，荣枯反复手藏钩”，什么意思？座次顺序递传的钩，和人生的荣枯是很相似的，这也像是车转毂一般，不知在哪里会有反复，在哪里有起落。

根据《风土记》的记载，玩藏钩游戏的方法，大抵是将参与者先分成二曹（组），一组管藏，一组管猜。有时候，参与者刚刚是奇数，不好分配怎么办？有办法。“人奇即人为游附，或属上曹，或属下曹，称为飞鸟”，这是说，这多出的“飞鸟”，依属于哪组都可以。

好啦！接下来，就可以正式开始“我猜，我猜，我猜猜猜”的竞猜比赛了。两组之中，猜钩的那一组，要猜中藏钩的那只手掌，所仰仗的，必须是敏锐的观察力和缜密的心理分析。

西晋诗人庚阐在《藏钩赋》写猜钩人的神情时，曰：“思朦胧而不启，目炯冷而不畅。”是说他们在观察对方藏钩时的姿态，看看谁更可疑。因这种竞猜游戏一般在夜间进行，故此对方可以凭借这种条件制造很多假象，来迷惑猜钩者，“疑空拳之可取，手含珍而不摘”两句是对这种心态最真实的写照。

唐人在生活风俗上头，大多沿袭了魏晋南北朝。我们再来随“分曹射覆蜡灯红”这句诗，来看看古人们酒宴之上的另一种酒令——射覆。

认真说来，这个射覆，其实在魏晋南北朝时，可以被唤作“猜谜”。以时俗的旧称入诗是常见的事，不必大惊小怪。总之，只要记住，在秦汉之前，它只叫作射覆就可以了。“射”和“覆”分别是“猜度”和“覆盖”的意思，连起来就是众人猜物的游戏。

这个物，自然是被覆盖起来的。原始的射覆，并没有酒令的性质，它是走到了魏晋南北朝时期，才被真正生活化、世俗化、娱乐化的。

在汉朝时，官方对民间的筮占行为，是予以禁绝的，可不是有句话叫“上有政策，下有对策”吗？汉朝的老百姓也懂得。于是，在汉朝之前便已有的射覆游戏，便在这时迅速盛行起来。他们便会在瓯、盂等器具下覆住某物，让人猜测里面是什么东西。有什么方法猜，当然不是瞎猜，而是用筮占的方法。

这种游戏，在最开始是有一些娱乐性的，但它更利于草根数术家们提高自己的占卜技能。值得说明的是，唐朝在考核天文郎时，便设置了射覆这个科目的考试。此事见载于《唐六典》中。

然而，射覆是在什么时候由民间“荣登”宫廷的呢？还是在汉朝。在《汉书·东方朔传》中，便有“上尝使诸数家射覆”的记载，由此不难想见，射覆之戏很快便俘获了皇帝们的“芳心”。

既然提到东方朔，不妨来看看他和汉武帝之间的一个小趣事。

某次，汉武帝用盆子扣住了一只壁虎，东方朔猜得很准，因此受了重赏。他受了重赏，近旁的侍臣便受了重伤——心伤。帝宠这种东西，是谁都想分一杯羹的。于是，这个侍臣便对东方朔下套，说你要是猜得出我所覆之物，我甘愿被打100杖。结果不用多说，筮占这种事，本是易学高手东方朔的硬石头，石头自然是不怕鸡蛋的。

在魏晋南北朝时期，也有个易学高手，是曹魏时的管辂。管辂极其擅长射覆。平原有个刘太守，曾经请他猜算器具中有哪两件物事。管辂当仁不让，先后猜出那里面的东西，分别是印囊和山鸡毛。恭喜他，答对了！

在揭晓谜底之前，管辂还说了一些卦语。比如，“内外方圆，五色成章，含宝守信，出则有率，此为印囊也”；再比如，“高岳岩岩，有鸟朱身，羽翼玄黄，鸣不失晨，此山鸡毛也”。这话语颇有魔术师表演之前，前戏的效应，使得他的射覆更具有表现力了。

先前就说过，射覆发展至魏晋南北朝时期，已经被唤作“猜谜”了。当然，纯粹的猜度被覆之物的游戏，还是可以按老规矩来，但我们一定得注意，这一称呼的变化至少说明了两点。第一，筮占的意味淡了；第二，纯粹的字谜出现了。

说猜谜，当然要说杨修。

您一定记得，《三国演义》中杨修数次得罪曹操的情节吧。其中，杨修第一次冒犯曹操的情形，是这样的——

原来杨修为人恃才放旷，数犯曹操之忌。操尝造花园一所；造成，操往观之，不置褒贬，只取笔于门上书一“活”字而去。人皆不晓其意。修曰：“‘门’内添‘活’字，乃‘阔’字也。丞相嫌园门阔耳。”于是再筑墙围，改造停当，又请操观之。操大喜，问曰：“谁知吾意？”左右曰：“杨修也。”操虽称美，心甚忌之。

这情节源于《世说新语》中的相关记载。很显然，曹操“取笔于门上书一‘活’字而去”，是在出字谜；而杨修秒懂之后，扬扬得意地说，这个谜底是“阔”，很是能表现他的聪明才智。

猜谜因不需像射覆那样，必须得有物来参与，对于某些有才之士人来说，便可张口就来。

北魏宣武帝元恪时，咸阳王元禧在外避祸。因为这家伙是打算密谋造反的，此时因机密外泄而被迫出逃，心里紧张害怕在所难免。

为了缓解压力，元禧便对身边一个叫尹龙虎的侍从说，想请他出个谜语解解闷。这人想了想，便说："眠则俱眠，起则俱起。贪如豺狼，赃不入己。"

至于谜底，元禧说是眼睛，出谜的人说是筷子。这么说来，元禧是猜错了，但这也无所谓，有所谓的是，在窘迫至极的环境中，他能稍微放松一些、快乐一些。这也是人们发明种种竞猜游戏的初衷吧。

小贴士

【回文诗】往简单里说，回文诗是一种需以遣词造句的功力为支撑的文字游戏。唐代吴兢在《乐府古题要解》释曰："回文诗，回复读之，皆歌而成文也。"这种诗歌利用词序回环往复的修辞方法，读起来叠咏绵延、别有逸趣。正因如此，回文诗也不应仅被视作文字游戏而已，"反复成章，钩心斗角，不得以小道而轻之"，古人已给过回文诗以公允的评价。

两晋之后，回文诗便已十分盛行。最早的回文诗，是汉代苏伯玉妻的《盘中诗》，但"窦滔妻作《璇玑图》而大备"的说法，得到人们的普遍认可。窦滔妻，说的是十六国时前秦的才女苏蕙（字若兰）。窦滔爱上了歌伎赵阳台，苏蕙幽怨为诗，将841字编排为千余首情诗，织入五色锦缎中，寄给窦滔。这便是著名的《璇玑图》。窦滔见状十分惭愧，便打发走了赵阳台，与苏蕙重归于好。后世，武则天曾为《璇玑图》写序，南宋才女朱淑真也写过《璇玑图记》。

【隐语化为谜】南朝齐刘勰《文心雕龙》中《谐隐》部，首次对谜语进行了研究。他认为，"自魏以来，颇好俳优，而君子嘲隐，化为谜语。谜也者，回复其辞，使昏迷也。或体目文字，或图象品物。纤巧以弄思，试察以衔辞，义欲婉而正，辞欲隐而显"。总之，是持肯定的态度。这时，会意离合这样的谜体承前继续发展，增损等谜体陆续出现。

南朝宋鲍照所作的《井龟土三字谜》，属会意离合谜体的作品。“一形一体，四支八头；一八五八，飞泉仰流。”谜底是“井”字。

第三章 魏晋南北朝的“梅兰芳”

如果要在《晋书》中挑选出一个在音乐上最有造诣的代表人物，我想，他应该是桓伊。也许，今人对此人并不熟悉，但我们所熟悉的蔡邕、《梅花三弄》，其实都和他有联系。

蔡邕是东汉著名的音乐家，不仅擅琴，还擅竹笛。据闻，有“笛圣”之称的桓伊，所使用的竹笛便是当年蔡邕留下的“柯亭笛”。他的笛艺有多出色呢？来看看他的故事。

话说，盛名在外的桓伊某天乘车在河岸边经过，突然被人叫住，说：“闻君善吹笛，试为我一奏。”这人是王徽之的侍从。桓伊也不摆谱，很高兴地蹲踞在胡床上“为作三调，弄毕，便上车去”。按照一般的逻辑，王徽之应该赶紧表示感谢才对，但事实却是，桓伊不言他也不语——他们只是知音，知音便以音来相交，旁的繁文缛节都大可不要。

这故事，被宋人程大昌记入了《演繁露》中，再后来，之前提过的明代宗室学者朱权，便在《神奇秘谱》中辑录了《梅花三弄》琴曲，并在曲前加了小序，称“桓伊出笛作《梅花三弄》之调，后人以琴为三弄焉”。

琴曲《梅花三弄》的起源便是如此。个人是很喜欢桓伊的，其原因却并不仅仅在于他“善音乐，尽一时之妙，为江左第一”，更是因为他在乐技以外，更有身为人臣的美德。

这是说，桓伊曾以音乐进谏，忠智可嘉。自从淝水之战后，宰相谢安便陷入了一种既被大力褒奖，又被深深嫉恨的矛盾处境中。别的奸佞之徒为难他倒也罢了，让谢安极为难堪的是，孝武帝司马曜也与他有了隔膜。

某次，孝武帝在宫中设宴，桓伊也在侍坐之列。这种场合，皇帝自然要命桓伊吹笛以助兴。桓伊欣然而应，立马吹奏他的柯亭笛。笛乐悠扬顿挫，真可以说是“妙声发玉指，龙音响凤凰”了。正当满座绝倒之时，桓伊向皇帝申请自弹自吟。

他弹的是筝，吟的是什么，正是曹植的《怨歌行》。“为君既不易，为臣良独难。忠信事不显，乃有见疑患。周旦佐文武，金縢功不刊。推心辅王政，二叔反流言。”这是曹植因为自己忠而被疑而发出的悲声。

桓伊此举不少人都看懂了，一时间，谢安“泣下沾衿”，孝武帝“甚有愧色”，君臣矛盾在一定程度上也稍有缓解。南宋辛弃疾所写的“却忆安石风流，东山岁晚，泪落哀筝曲”，用的就是这个典故。

的确，乐器之美令人情动，而与音乐之美可相提并论的，是声乐之美。说及声乐之美，戏曲肯定是其中首屈一指的。

在我国，戏曲中很有特色的一种现象，是反串。毫无疑问，梅兰芳是此中最负盛名的一位。然而，有多少人知道，在戏曲史上，“以男饰女”的传统，其雏形最早见于魏晋南北朝时期呢？

根据《魏书》的记载，曹芳还在做皇帝的时候，便十分依恋倡优。当然，如果把曹芳的这个缺点和五代十国时期的唐庄宗李存勖比上一比，很可能算不上什么黑历史。要知道，唐庄宗生平“尤喜音声歌舞俳优之戏”，不但经常与伶人们同台竞技，还因宠信伶人而国势渐弱，最终走上覆灭之路。

曹芳因为喜欢伶人，干过一件在当时看来挺荒唐的事。他让倡优郭怀、袁信在广望观下，装扮成辽东妖妇，演了一场“别开生面”的歌舞伎杂戏。

这事在当时肯定是惊世骇俗的，且看史载，“嬉亵过度，道路行人掩目”，真不知这里面到底有怎样不堪的内容，会让本来对男人穿女人衣服（参考何晏）持宽容态度的时人，都不忍直视。

不过，这个记载对我们明确魏晋时期，戏曲中已出现“以男饰女”的现象，有莫大的帮助。

稍后一些，《隋书·音乐志》中又出现过这样的现象。这里边说到，北周宣帝即位以后，就召集了很多的杂伎。其中有些长得漂亮的少年，就让他们穿着女人的衣服跳舞。到了隋朝建立以后，大业二年（606年）时，突厥染干前来朝见隋炀帝杨广。抱着一种夸富的心态，隋炀帝将四方散乐都集中在东都，让所有的伎人都穿上绫罗绸缎，其中那些迎宾的歌舞伎，全都穿上女子的衣服，打扮得美艳动人。据说这样的歌舞伎，一共有3万之多。

很显然，“以男饰女”的表现方式，在这一时期得到了继承，久而久之就成了传统。不过，这种表演方式，毕竟不是当时的主流，而才华横溢的女子们，才是歌舞伎中最受宠的一类。

其间，有两个人物不得不提。她们一个叫作宋祎，一个叫作徐月华，都是歌舞伎中的佼佼者。

有关绝色美女绿珠，我们都很清楚了。这个宋祎，正是绿珠的弟子。宋祎四五岁时，便被绿珠收入门下，长大以后美貌多才，精于笛艺。

当金谷园繁华散尽，绿珠跳楼殉主后，宋祎无处可去，因缘际会之下做了王敦的小妾。有一个很八卦的说法，是王敦故意遣散身边的小妾，让宋祎前去晋明帝身边服侍，这样一来，既可以刺探军情情报，又可以掌控明帝的举动。

说白了，就是要她做间谍。明帝对宋祎很有感情，在重臣们决定遣她出宫时，还想着为她找一个好归宿。

宋祎最后嫁给了镇西将军谢尚，他是谢鲲的儿子、谢安的堂兄，从小就以聪明和英俊著称。某次，谢尚不知喝了什么老陈醋，突然问起宋祎，王敦与他谁优谁劣。宋祎便说他们一个是村夫，一个是贵人。这话倒不是虚夸，想当年，王敦初尚公主时，竟然不知道澡豆是用来洗手的，傻乎乎地把它吃掉了——幸好，澡豆的成分主要是豆粉。

宋祎余生没有太多故事，死后葬于金城山。但我以为，这对她来说，恰恰是一件好事。有几个乱世中的女子，不渴望安宁的幸福？没有故事，才是好的人生。

相比宋祎来说，徐月华的情史就没这么丰富了。她是北魏高阳王元雍众多姬妾中的一个，一手箜篌弹得极为出色。元雍在正光年间出任丞相，"贵为人臣，富兼山海"的他，家中"僮仆六千，伎女五百，隋珠照日，罗衣从风"，奢侈至极，他又老和河间王元琛斗富，斗得个天昏地暗。

到了孝庄帝元子攸时，天柱大将军尔朱荣为了掌握北魏朝政，发动了河阴之变，杀戮了包括元雍在内的1000多王公大臣。

元雍死后，他的歌舞伎们有的削发为尼，有的嫁了人。徐月华选择后者，卫将军原士康就是她的归宿。据说，徐月华用箜篌弹起《明妃出塞》之曲，颇为动人，时人称之为"哀声入云，行路听者，俄而成市"。

徐月华倒是比较恋旧的人，原士康听她谈起前夫，也不着恼，还鼓励她弹奏《绿水歌》《火凤舞》。这是因为，她说过，从前高阳王有修容和艳姿两个美姬，便因分别擅长这两支曲子，而宠冠诸姬。

歌舞伎们在表演之时，往往是歌舞一体的。说到这儿，就不得不说魏晋南北朝时期，最有名的两个歌舞戏了。

这第一个，是梁武帝萧衍亲自操刀编排的《上云乐》。其中，共有桐柏曲、方丈曲、方诸曲、玉龟曲、金丹曲、金陵曲六个部分，以老胡文康为主角，集歌舞、百戏于一身，在观赏价值以外别有一番用心。因为，整个《上云乐》所演绎的，是西域胡人胡文康，领着他的徒众前来朝拜天子的故事。把这内容编排入戏，褒奖的意味自然有，但更重要的，是在炫示天威吧？

开篇的《桐柏曲》中唱道："桐柏真，升帝宾。戏伊谷，游洛滨。参差列凤管，容与起梁尘。望不可至，徘徊谢时人。"单看这一点儿，便不难想见，《上云乐》里的政治意义。

李白后来也写了乐府诗《上云乐》，其内容还是围绕着西域胡人携狮子、凤凰头朝见天子的盛况，只不过，主角当然得"与时俱进"，改为唐朝皇帝。

因着小说和影视剧等原因，《兰陵王入阵曲》在后世的知名度极高。它起源于北齐，又叫"大面""代面"，是为歌颂兰陵王而作的男子独舞，极盛于唐代。值得注意的一点是，歌舞戏只是歌舞戏，实际上，兰陵王的面具是扯不得的，当时铁面甲胄是连在一起的，这样的面具也非他独有，所以说，因"貌妇人。自嫌不足以威敌，乃刻为假面"的说法，其实是不靠谱的。

小贴士

【苏门山之啸】“独坐幽篁里，弹琴复长啸。”这两句出自王维的《竹里馆》。“啸”的发音技巧类似于打口哨，嘬口发出又长又清脆的声音，尤其需要超拔的中气和脱俗的气质。

阮籍独游苏门山时，巧遇好友嵇康的忘年交——道家孙登。阮籍忙不迭与孙登打招呼，“与商略终古及栖神导气之术”。可是，孙登没有理睬他。阮籍十分郁闷，就长啸一声下山去了。阮籍性格倔傲，不愿向司马集团屈膝，为守节避祸，他“口不臧否人物”，而时常将激愤失意的情绪，付诸一啸间。而这一声啸，应该是他以为知音难觅，故作悲声。

没想到的是，阮籍走到半山腰时，突然听到一声啸，“声若鸾凤之音，响乎岩谷，乃登之啸也”。阮籍闻之，好似醍醐灌顶，回家后立刻写下《大人先生传》一文，以抒其崇仰之情。知音不在多，由啸声完成的哲学对话，已经令阮籍倾倒终生。据传，从此阮籍不再啸。

盛唐孟浩然曾吟道：“风泉有清音，何必苏门啸。”这种认识超越人际，更臻化境。

【洛下书生咏】《晋书》中有记载，说东晋宰相谢安，“能作洛下书生咏，而少有鼻疾，语音浊。后名流多学其咏，弗能及，手掩鼻而吟焉。”这是说，谢安患有鼻炎，发音之时鼻音有些浊重，但因偶像效应，当时的江南名士十分敬慕，一时间纷纷效仿，成为时尚。为了模仿得更像，他们还捏着鼻子来学习。

谢安取代桓温的地位后，“洛生咏”更加流行了，俨然成了朝廷的

“官方语言”。不过，因为顾恺之没有在谢安那里得到足够的重视，因此对对方很有意见，不仅不愿学洛生咏，还讥讽这种潮流说：“我为何要学这种‘老婢声’！”

第四章　五花八门的竞技游戏，哪个更时尚？

魏晋南北朝的人都挺爱玩儿，也挺会玩儿的，在这一时期，竞技游戏格外多姿多彩，极大程度地丰富了人们的日常生活。仔细想一想，那时的时尚之选，首先应该是斗鸡、斗鸭、斗鹅。简言之，是家禽都可以拿来斗一斗。

其实，今人对斗鸡大多比较了解，按说毋庸赘言，但在这一时期，热衷于斗鸡的人群首先就很值得一提。来看一份名单：曹植、刘桢、应玚、傅玄、南朝梁简文帝萧纲、南朝陈徐陵、北周王褒……

皇帝、政界高官、文坛才子，纷纷拜倒在斗鸡游戏的诱惑下，想来它定有一些特别之处。以上所提过的人，全都写过以斗鸡为题材的诗文。

游目极妙伎，清听厌宫商。
主人寂无为，众宾进乐方。
长筵坐戏客，斗鸡观闲房。
群雄正翕赫，双翘自飞扬。
挥羽激清风，悍目发朱光。
觜落轻毛散，严距往往伤。

长鸣入青云，扇翼独翱翔。

愿蒙狸膏助，常得擅此场。

——（三国）曹植《斗鸡篇》

可以说，贵介公子的业余生活里，不能没有斗鸡这种游戏。将长席铺在地上，一起来观看房内的斗鸡表演吧！飞扬的长尾翎，羽翼扇起的清风，斗鸡们泛着凶光的眼神，获胜者亢亮的号角声，都让观众们兴奋不已，大声鼓噪。

开轩望平子，骤马看陈王。

狸膏熏斗敌，芥粉壒春场。

解翅莲花动，猜群锦臆张。

——（北周）庾信《斗鸡诗》

对照一下曹植和庾信的这两首诗，你会发现，有一样斗鸡神器，在两首诗中都有提到，这便是狸膏。狸膏，全称为狐狸膏油。可以说，那时的人们也挺有意思，明明是在用狸膏耍手段，却将此写进诗中，一点儿也不避忌。

为什么说是在耍手段呢？因为斗鸡十分害怕闻到狐狸的味道，在交战时要是让它误以为狐狸就在眼前，它哪里还有什么斗志，去斗对手呢？

不知最初是谁发现狸膏的“妙用”，于是在赛场上，斗鸡的脖子上时常会被抹上狸膏。除了狸膏以外，大家还喜欢在鸡翅膀上抹芥粉。抹擦这种粉末的好处，是取其刺激味来恶心对手，以免它专挑自家宝贝的翅膀下手。要知道，鸡翅膀如果伤了，这比赛也没法继续了，斗鸡也只能屈辱“退役”了。

说了咱们熟悉而又陌生的斗鸡，就来说说斗鸭吧。

早在西汉时期，斗鸭的游戏就已经有了，不过，此戏却是在魏晋南北朝时期才特别流行的，准确地说，是流行于南方。西晋文人蔡洪对斗鸭之戏有过描写，一篇《斗凫赋》，将水中斗鸭的情形描绘得活灵活现。

进入战斗状态的鸭，其实和斗鸡也很相似。蔡洪写道，“感秋商之肃烈，从金气已出征”。这都把接下来的比赛当作上战场了。既然是战场，那这比赛肯定是很激烈的了，“尔乃振劲羽，竦六翮，抗严趾，望雄敌。忽雷起而电发，奔赴洪波以奋击。”的确不寻常呐！

有个很有趣的事儿，是说南朝宋时太子舍人王僧达因观看斗鸭而被人举报。要说王僧达也真的是时尚达人，百姓们在杨烈桥边看得过瘾玩得尽兴，他去凑凑热闹，似乎也是赶时髦，没什么不妥。只可惜，大概是官方觉得有官衔在身的人，要是在这个方面“与民同乐”，有下里巴人之嫌，所以才明令禁止的吧。

再来看看斗鹅这种竞技游戏。

当年，南郡公桓玄还是小孩，就很喜欢和堂兄弟们一起斗鹅。不知怎么回事，桓玄老是输得很惨。气急之下，他便趁夜爬进鹅栏里，结果了堂兄弟的斗士们。天亮之后，全家人见到血腥的一幕，都惊呆了，以为是妖孽所为，反倒是车骑将军桓冲，很是了解他的侄儿，便说这必然是桓玄在开玩笑。说到这儿，不得不慨叹一句，“七岁看老”的说法还是有些道理的，桓玄从小就是个狠角色，也难怪后来有那豹子胆去篡位建楚。

只不过，刘裕比桓玄更狠，桓玄最终还是命丧他手。

其实，斗鸡、斗鸭、斗鹅，在那个时候都有些博戏的成分，我们并不能只将它们看成是纯粹娱乐游戏。《新唐书》中便有记载，说唐僖宗李儇“喜斗鹅走马，数幸六王宅、兴庆池与诸王斗鹅，一鹅至五十万钱”。明人沈德符也在《野获编》中特意提了桓玄和唐僖宗两位斗鹅爱好者。

刚刚提到的，都是主人命令家禽相斗以取乐的竞技游戏，那么，在魏晋南北朝时，有没有人们自己上场，玩竞技游戏的呢？当然有。

先来说说戏射。

《论语》中说，“君子无所争，必也射乎！揖让而升，下而饮，其争也君子。”这是说，君子对什么事都没有争逐之心，如果说有所争的话，一定是射箭比赛；不过，他们在比赛时要相互作揖，一番谦让之后，才能登场。到最后射箭完毕，走下场来还能在一起愉快地喝酒。如果比赛双方能做到这点的话，这种争就是君子之争了。

想来，今天提倡的“友谊第一，比赛第二”的竞赛原则，也是受到了先贤的启发吧。“射者，仁之道也。射求正诸已，已正而后发，发而不中则不怨胜已者，反求诸已而已矣。”《礼记·射义》中说得很好，意在分胜负的射箭比赛，自然是一种“争”，但君子参与其中，其重点却不在比赛结果，而在于其过程中，对自己礼仪和品格的锻造。

射箭，原本就是西周官学的教育内容之一，这可是“六艺”之中，贵介子弟、文武才俊都应学习的一项技能。因而，射箭比赛逐渐产生了，以射箭为内容的竞技游戏，也应运而生了。

戏射与射箭当然还是不同的，毕竟在这里头，礼仪的成分已经淡化了许多。在魏晋南北朝时期，戏射以聚射和单射两种形式为主，也就是说，一个是团体赛，另一个是个人赛。

有一次，孝文帝元宏组织了一次戏射。在这次团体赛中，双方分别以皇帝和彭城王元勰为首。右卫将军杨播和左卫将军元遥分属于这两队，他们都是射箭能手，一场场比赛下来，倒是旗鼓相当，令人叫绝。

有的时候，戏射也可以是临时开展，为专人而设的。贾坚是十六国时前燕非常著名的神射手。他本来在后赵做过官，在后赵亡国后，也不愿接受景昭帝慕容儁的招抚，反倒是在坞堡里拥部曲而自守。

前燕攻破坞堡后，贾坚被擒。景昭帝特别看重贾坚擅射的才能，在说服他效力于己之后，特意命人在百步之外牵了一头牛，问他是否能中。贾坚的回答很有趣："中有何难？贵在不中。"最后你猜怎么着？贾坚双箭同出，一箭拂过牛的脊背，一箭擦过牛的腹部。所谓"不中"，便是他不曾伤着这头牛的一寸皮毛。看来，他这箭术已是达到炉火纯青的地步了。

比起戏射来，投壶应该更讨人喜欢。

顾名思义，投壶指的是一种投掷游戏。从先秦时期起，投壶就是一种礼仪制度了。当时的诸侯们在待宾时，便往往要请客人射箭。因为部分客人不长于射箭，若是勉强为之恐伤和气，于是，酒壶慢慢地就代替了靶子。"投壶，射之细也。燕饮有射以乐宾，以习容而讲艺也。"北宋吕大临在《礼记传》中所解说的，也是这么一个意思。

所以说，投壶是来源于射箭的一种竞技游戏。自从有了这种游戏之后，直至清末，在汉民族的传统礼仪和宴饮游戏中，都时常能看见它的影子。

投壶是古代士大夫宴饮时，既符合礼仪又富有乐趣的竞技游戏，因此，自秦汉以后，在士大夫阶层中便形成了逢宴必"雅歌投壶"的风俗。在汉朝时，本为减低难度而生的比赛，逐渐增添了难度。最起码的一个变化，是去掉酒壶中的红豆，特意使箭杆跃出。跃出之后，投壶者能抓住重投，便是好样的。如果能做到连投百余次，就可以被称为"骁"了。

这已让今人觉得不可思议了吧，更不可思议的是，为了进一步增加投掷的难度，壶外设屏风盲投、背坐反投等花样，也都开始兴起了。

到了魏晋南北朝时期，投壶的壶口两旁增添了两耳，投壶的新花样更是增多不少，其中最有特色的莫过于一种名为"莲花骁"的投壶技巧。由于壶口有了耳朵，这时的“骁”也便有了新的意义，必须得是反弹出来的箭能挂在壶耳上，才能称之为“骁”。那么，“莲花骁”的意思就不难理解了吧，弹出挂壶耳上的箭，要组成莲花形。贺徹，便是南朝梁时的投壶高手。

写至此，我不由想，如果让神箭手贾坚也来玩莲花骁，会不会也是个中高手呢？

小贴士

【弹棋】弹棋的初创者，据说是西汉刘向。在东汉冲帝、质帝以后，弹棋不是十分流行，但在汉献帝建安时期，弹棋不仅在宫中复兴，宫人们还把金钗玉梳拿来作为赌注，将之称为“妆奁之戏”，这是极具宫廷色彩的娱乐活动了。北周王褒在《弹棋诗》中写道：“投壶生电影，六博值仙人。何如镜奁上，自有拂轻巾。”就提到了这种情形。

根据《艺经》的记载，弹棋的玩法是“二人对局黑白子各六枚，先列棋局，下呼上击”，不过，玩法也因时而变，规则难以尽述。曹魏时期，弹棋的玩法是，“先立一棋于局中，余者间黑白围绕之，十八筹成都”。魏文帝曹丕擅长弹棋，还写过《弹棋赋》，并十分渴望与京中的弹棋高手东方世安、张公子较量一下。在唐朝时期，弹棋也很流行，但其衰于何时，史无明载。

【象戏】象戏，传说是由北周武帝宇文邕发明的。“象”是象征之意，是说以棋局象征阴阳五行或兵法玄奥。据《周书·武帝本纪》所言，天和四年“五月己丑，帝制《象经》成，集百僚讲说”。《象经》，便是关于象戏的最早著作。《太平御览》和明朝罗颀所著的《物源》中，也有“周武帝造象戏”“周武帝作象棋”的记载。然而，从相关记载看来，象戏和象棋不是一码事，不可混淆在一起。

北周王褒为《象经》作序，对象戏的形制和游戏规则进行了解说。庾信又作了《进象戏经赋》献给武帝，道：“臣伏读圣制《象经》，并观象戏，私心踊跃，不胜忭舞。”到了唐太宗李世民时，学者吕才曾负责讲解《象经》，并因之晋为太常博士。

第五章　呼卢喝雉，掷出来的天意

在魏晋南北朝时期，即便是在竞技类的游戏中，也不乏博戏的成分，而真正意义上的博戏，在此时的种类自然是很不少的，一场场豪赌下来，趣事、囧事、伤心事都不少见。

最具特色的博戏，应该算是樗蒲了。

在六博戏产生之后，从汉末起又开始流行起来一种从外国传入的棋类游戏，名叫“樗蒲”。樗蒲得名，是因其所用的骰子最初是以樗木制成。樗蒲还有别名叫作“五木之戏”“五木”，这是因为这套两头尖圆、形如杏核的掷具，以五枚为一组。

掷具有正反两面，一黑一白，各自绘着牛犊和野鸡。按照排列组合的规律，在玩的时候，掷具可以组成卢、雉、枭、犊、塞这五种（有争议）不同的组合。从这一点来说，倒是和后世掷骰子的玩法有些相似。我们都知道，一组骰子每个都要摇出6点才算是最大，那么，樗蒲的掷具要掷到什么程度，才算赢呢？

刚刚说到了五种组合，其中，“卢”说的是掷出全黑的组合，这可是最高彩，最难掷出；稍次一点儿的，就是四黑一白的“雉”了；再次一些，便是杂彩了，枭、犊、塞，都是它们的名称。凡是能掷到贵彩的人，接下来可以连掷、打马，或是过关，杂彩则不能再继续了。

东汉马融在《樗蒲赋》中提到，“枰则素旃紫罽”。“旃”“罽”，都是指的毡。也就是说，在玩樗蒲时，棋盘里要用白色或紫色的毡。

在赌博场上，不少人都精神亢奋，忍不住大声呼喊“大大大”或是“小小小”，这种情形在古代也是有的。比如，双方对博时在掷掷具时，往往攥拳大声喊：“卢！卢！卢！”由此，“呼卢”这种称谓就诞生了。

不过，依我看哪，呼卢呼卢，倒可能是越呼它越不来劲，真正要掷出卢来，还得看天赋和后天努力。

说到樗蒲高手，王思政应该可以上榜。王思政是西魏名将，他早年曾是北魏孝武帝元修的幕僚。要知道，孝武帝可是死在权臣宇文泰的手中，所以王思政虽没受到对方的薄待，但心里却总是不放心。为个人前程考虑，在战场上他不得不舍生忘死，在私人场合上他也不得不顺应时俗。凭一己之实力来赢得前程，这其实也是无可厚非的。

宇文泰好赌，更好以赌的方式来笼络群臣。某次，他在同州宴请大伙儿，便将自己的金带解了下来作为赌资，说谁能先掷出卢来，我就把金带赏给他。关键时刻，考的就是技术含量了。遗憾的是，在王思政之前，没有一个人能掷出五个黑色。

很可能，别人都是抱着玩儿的心态，而王思政却格外认真，当即一脸严肃地发誓：“王思政羁旅归朝，蒙宰相国士之遇，方愿尽心效命，上报知己。若此诚有实，令宰相赐知者，愿掷即为卢；若内怀不尽，神灵亦当明之，使不作也，便当杀身以谢所奉。”

此言一出，满座大惊。毕竟，他们几乎没听说过，有人拿命来赌忠心的。本来五点全黑的卢就很难掷出，就算他心诚，技术能有那么好吗？大家明白王思政博取信任的意图，但用性命作为代价，又值得吗？一时间，每个人都为他捏了一把汗。但见他将佩刀横在膝上，抓过掷具便掷。

宇文泰瞪眼一看，卢！不禁惊喜过望，将赌资——闪亮的金带送给王思政。王思政当然清楚，他这一番自誓掷卢的冒险举动，最后得到的是对方的真心信任。

我倒以为，王思政不是碰巧擅长樗蒲，而是他早知道宇文泰有这爱好，自己才刻意加以训练的。宇文泰曾收藏过一座玛瑙钟，可谓是稀贵之物，而这件宝贝，他也没吝惜，曾将它作为赌资，送给了掷出卢的薛端。

不过，王思政能想到自誓掷卢这一出，估计也与一般人认为樗蒲内蕴着神性有关。这个神性怎么说呢？原来，在十六国时的后燕，惠愍帝慕容宝曾与臣子韩黄、李根等人在一起玩樗蒲。他的表情大概比王思政还严肃，他说："樗蒲能表现神的意志，所以朕今日在此起誓，若是神可佑我大燕，我就能连掷三卢。"结果是，慕容宝连掷三次，次次得卢。

这消息一传出，四方都炸了锅，一时间被传为神迹，令亲者啧啧称叹，仇者骤生畏心。其实，天意这种东西玄之又玄，与其说是掷卢可体现天意，还不如说是掷卢的人在制造天意。

在魏晋南北朝时期，樗蒲比汉朝时更为流行，可以说是一项全民游戏了。不仅是成年人，就包括小孩子都热衷于此道，并且一个赛一个的强。直到五代十国时，宫廷中都还流行过樗蒲，花蕊夫人在《宫词》中就写道："摴蒱冷澹学投壶，箭倚腰身约画图。尽对君王称妙手，一人来射一人输。"

除了樗蒲以外，魏晋南北朝时期的博戏，主要还有握槊和双陆这两种。

根据《魏书》的记载，握槊是经由西域传至我国的，时间大概在南北朝时期。因为，在史书中所能找到的最早记录，是在北魏孝文帝时。

《魏书·蒋少游传》中提到，赵国人李幼序、洛阳人丘何奴都工于握槊，而这些胡人的游戏都是由外传来的。听说，某胡国王的弟弟被关了监狱，即将被处死，临死前，弟弟在监狱里发明了这种游戏，并把它献给哥哥，说："一人独处容易死去，让它陪你吧。"记载到此为止，也不知弟弟发明这游戏，单纯是为了哥哥，还是"曲线救国"求免于一死。

北魏末期，尔朱世隆和吏部尚书元世儁曾有一次握槊比赛，"忽闻局上歘然有声，一局之子尽皆倒立"，"欻然"是忽然之意。想想看，尔朱世隆正是玩兴盎然，哪知棋盘会忽然震荡起来，搞得棋子都乱了，无法恢复旧局呢？于是，"世隆甚恶之"，干脆不玩了。

后来，北齐胡皇后的男宠和士开也是一个握槊行家。说他是行家，有个原因在于他趁武成帝高湛不理朝政、贪玩成性之时，借由与皇后玩握槊的机会，勾搭成奸。关于琅琊王高俨杀死和士开一事，史家李百药便认为，和士开淫乱多年，一朝被剿除，朝野上下都觉得大快人心。

有一种说法，是说握槊可以算是双陆的前身，但双陆的形制和玩法，与象棋及后来的飞行棋更为类似，在《大般涅槃经》中，它还有过"波罗塞戏"的别名。

北宋晏殊在《类要》中考证说，双陆起源于天竺，约莫在曹魏初年传入中国，经曹植与原有的六博加以糅合后，才流行于魏晋南北朝及隋唐，至宋时已有数百年的历史。为晏殊所不知的是，双陆还将继续流行，唐代的韦后与武三思打双陆不算什么，元代人还将之升格为"才子型"的游戏，著名散曲家周德清、戏剧家关汉卿等人都谙于此道。

在《红楼梦》中，贾母与李纨打双陆的情形是这样的，"李纨的骰子好，掷下去把老太太的锤打下了好几个去"。游戏的玩法，几乎不可能全部继承前代，那么，在魏晋南北朝时期，双陆是怎么玩的呢？

此时，双陆的器具主要是棋局、马和骰子。它的棋局是长方形的，两侧左右各有六梁（路）。梁处在弓形的门边上，分别叫前一梁、前二梁、后一梁、后二梁，并以此类推。

最初，骰子只有两枚，双方投掷骰子后，便各自执马形的黑棋或是白棋，按点行棋，这样的棋共有三十枚。能将棋子越过对方，并能移出棋盘，便可计分。到了晚唐时，骰子就增多到了六枚之多。

由于棋子能移离多远，一是由骰子的点数主宰，二是由下棋的策略决定，所以在下棋时，如果没能掷出多的点数，那就应该多加考虑，选出最佳的走法才好。所以，这种博戏很显然不只是靠运气，还要靠智计。

由此看来，不管哪种游戏，只要不是以赌为唯一目的，还是有可取之处的。

到了明清两代时，流行了一千余年的双陆已渐趋式微，等到清末民初便慢慢地绝迹了。有一种说法，是有关乾隆皇帝为刹赌风而禁绝双陆。此说有一定道理，但更可能的是，一代有一代的玩法，娱乐也是需要赶时髦的，当象棋等棋类风靡起来后，双陆要想不退居二线，只怕也难了。

小贴士

【陶侃禁赌】全民健身是好事，全民好赌则不然。不少有识之士早就看出这点来了，东晋名将陶侃便是其中的一个。《晋书·陶侃传》中记载了陶侃销毁手下赌具的故事。“诸参佐或以谈戏废事者，乃命取其酒器、蒱博之具，悉投之于江，吏将则加鞭扑，曰：‘樗蒱者，牧猪奴戏耳！老庄浮华，非先王之法言，不可行也。君子当正其衣冠，摄其威仪，何有乱头养望自谓宏达邪。’”就是说，陶侃不但销毁赌具，还会对他们进行思想教育。

【《博弈论》】东吴的韦曜，本名“昭”，因避讳于“司马昭”，所以在《三国志》中，被改了名。当时，东吴流行博弈下棋，太子孙和对此很有意见，便命韦曜写一篇针砭时风的文章。《博弈论》就此问世，这是史上反对玩物丧志的名篇，《昭明文选》中有所收录。在文中，韦曜通过宁越、董仲舒、西伯和姬公“勉精厉操”的论据，来论证“学如不及，犹恐失之”的论点，极具说服力。这样一来，当今文武百官“不务经术，好玩博弈，废事弃业”的坏风气，便在此对比之下，有了最鲜明的参照。韦曜还特别强调了，如今东吴正逢“千载之嘉会，百世之良遇”。说到底，这篇正能量的文章，主旨还是在勉励大家“爱功惜力，以佐明时。使名书史籍，勋在盟府”。

第六辑　婚丧嫁娶，养生保健

第一章　东床快婿，是怎么挑选的？

韩寿偷香、相如窃玉、张敞画眉、沈约瘦腰，这四者被并称为“古代四大风流韵事”。其中，相如窃玉耳熟能详，韩寿偷香指的是什么呢？

在西晋初年时，晋惠帝司马衷的老丈人贾充，征召才貌兼备的韩寿为幕僚。贾充召集官员议事时，他的小女儿贾午经常从窗户往里偷看。贾午其实也是个颜控，韩寿就这样成了她的心上人。由于她太过想念韩寿，时常吟诵他的名字，婢女便有事服其劳，去韩寿家里走了一趟。

好了，现实版的《西厢记》马上上演了。约会当夜，韩寿翻墙入得贾府，终于能与贾午私订终身。贾充人一点儿都不钝，很快就觉出异样——贾午爱打扮了，韩寿身上有他送给女儿的异香。私情被揭露的那天，贾充也没责怪韩寿，反而将女儿许配给了他。

应该说，故事如果只发展到这里，实在是完美得不能再完美了。这西晋的韩寿，能这么快得到对方家长的许婚，可是要比戏曲里的张君瑞，乃至西汉的司马相如，都要幸运得多啊。

在魏晋南北朝时，私订终身的现象是有的，这很容易给人一种自由恋爱的错觉。其实，在此时，门第才是婚姻的第一考虑，个例不能说明一切。

在南朝齐时，士族王源把女儿嫁给了满氏，这事很快引起了朝臣的强烈不满，其中又以御史中丞沈约为最烈。这个沈约，便是“沈约瘦腰”的主角。这里我们不讨论他的美颜细腰和在文史方面的贡献，只说他为什么弹劾王源家族。

《昭明文选》中收录了沈约的《奏弹王源文》，从中可以看出原因，“风闻东海王源，嫁女与富阳满氏。源虽人品庸陋，胄实参华。曾祖雅，位登八命；祖少卿，内侍帷幄；父睿，升采储闱，亦居清显”，简单说来，就是王源虽不咋地，但是他家世好啊，他是西晋右仆射王雅的曾孙，祖父和父亲都曾身居要职。

而他的亲家满璋之家里是什么情况呢，“窃寻璋之姓族，士庶莫辩。满奋身殒西朝，胤嗣殄没，武秋之后，无闻东晋。其为虚托，不言自显”，这是说，满璋之虽然很富有，但他家只是富阳庶族而已，并且他还伪造自己的家世，实在可恶。

因此，沈约认为，“王满连姻，实骇物听”，并且，若是“此风弗剪，其源遂开，点世尘家，将被比屋”。他担心如果不将王源“黜之流伍”以作惩戒，日后士庶通婚将成为一股坏风气，彻底糟蹋了士族。沈约呈上弹章后，王源最后的确是吃不了兜着走。

其实，今人读到这样的故事，不必太过激愤，每个时代都自然有它适于时代的通行法则，这位看似迂腐的老爷子，并不是因着与王源有何私仇，他只是在用法则来对抗离经叛道之人。

士庶不通婚。这样的婚姻法则，是伴随着魏晋南北朝的社会等级分化现象而产生的。早在魏晋时期，门阀制度便已占据了统治地位。秉持着永葆士族利益的原则，他们一方面要运用“九品中正制”来擢用人才，另一方面则格外讲究门当户对，使之成为婚姻的第一道关卡。

在古代乃至今日，都一直有人将才能出众的女婿美称为“东床快婿”。其实，细究这个典故的来源，此间就暗藏着门第婚姻的机密。

东晋郗鉴，身为太傅位高权重。当年，他的女儿郗璿年方二八，生得如花似玉，且才能出众。郗鉴自然想为自己的掌珠挑选一位佳婿。他仔细排了一下，感觉朝中唯有丞相王导家的家世可堪匹配，而且王家子弟多有才俊，于是郗鉴便向王导表达了这个想法。王导当即欣然应之，并说随他上门挑选便是。

最后，郗鉴选择了王羲之。不得不说，老爷子的眼光真是好，后来王羲之成了一代“书圣”，他也沾光不少。而他是怎么在众多才俊中选中王羲之的呢？说来也很有趣。当时，郗鉴命管家去择婿，众人都激动得不行，又是精心打扮又是好生表现，生怕自己落了选。

可王羲之却对此无所谓，在东跨院的书房里，袒腹仰卧着，一心只琢磨着东汉书法家蔡邕的古碑。可以说，王羲之已进入忘我状态了，哪里还记得什么择婿的事。管家回去之后，将此事禀告给郗鉴。郗鉴很快就决定，选择王羲之作为女婿。

婚后，王羲之和郗璿的小日子过得还不错。

明代文学家陈继儒在《小窗幽记》中写道：“宠辱不惊，看庭前花开花落；去留无意，望天上云卷云舒。”很多人都认为，郗鉴选择对了快婿，主要是因着王羲之“宠辱不惊”的闲淡心态。这种看法诚然不假，但值得注意的是，王羲之是他从王家拣选出来的，如果没有王家这道门槛作保障，郗鉴敢去选择一个行为怪诞的年轻人，成为女儿的终身伴侣吗？

当然，这不是说按照门第择婿，就一定皆大欢喜了。谢安的侄女谢道韫，便是门第婚姻的牺牲品。王羲之共有七个儿子，王凝之排行第二。谢道韫才可咏絮，她对她平庸至极的丈夫，甚为不满，甚至对叔叔抱怨道：“不意天壤之中乃有王郎！”不知道，要多深的失望，才能让一个名门闺秀发出这样的怨语。后来，王凝之在孙恩之乱中，被自己给蠢死了，反倒是谢道韫因其节义，保留住了一些族人的性命。

公允地说，不管是门当户对般的盲婚哑嫁，还是韩寿偷香般的自由恋爱，都未必能完全保证男女双方的婚姻幸福。其实，规则本身没有大错，有错的也是人心的离离合合。

我们都知道，王谢两家是东晋时的顶级门阀。《南史·侯景传》中，便有侯景“请娶于王谢”的记载。来看一下侯景的履历——北魏怀朔镇鲜卑化羯人，左足生有肉瘤以致行走不稳，但长于骑射，一路从怀朔镇兵当到了东魏的河南大行台，在东魏高澄掌权后，率部投降南朝梁，并在西魏与南朝梁之间不断游移。

长相什么的都是其次，关键是侯景出身实在太卑微了，这可是他后天怎么努力也改变不了的，出生时没含着金钥匙，就注定他这一辈子嘴里都闪不了光。所以，梁武帝才很为难地说：“王谢门高非偶，可于朱张以下访之。”

不过，侯景他对这话可是一点儿不服气，后来，当他决定叛乱起兵，进攻梁武帝之后，就趁势强娶了简文帝萧纲的女儿溧阳公主，狠狠地报了自尊心受挫之仇。

好了，暂将目光从恐怖分子侯景的身上移开吧。在魏晋南朝这边，九品中正制下士族出身的高门子弟，不会让其他人攀附自己而成为历史主角。那么，向来以慷慨豪迈著称的北朝，是否不那么重视婚姻的等级差别和双方的民族成分呢？不，他们也认为士庶不可通婚。

整个北朝时期，可以稽考的胡汉族通婚例子多达400多例，其中，鲜卑与汉族的通婚比例超过80%，尤其是北魏。其实，胡人贵族阶层之间的通婚，很早就具有等级意识了，“凡与帝室为十姓，百世不通婚”，这是早就遵循的老规矩。

《魏书·高宗纪》中曾记载了文成帝拓跋濬的诏书，其中特别强调了

“夫妇之义”是“三纲之首”，“尊卑高下，宜令区别”，又对“中代以来，贵族之门多不率法”的现象予以了批评，末了特别申明了一点：“今制皇族、师傅、王公侯伯及士民之家，不得与百工、伎巧、卑族为婚，犯者加罪。”总之，北魏执政者在婚姻方面，持有贵贱有别的观点。

孝文帝元宏进行汉化改革后，他在太和二年（478年）五月下诏，重申了“皇族贵戚及士民之家，不惟氏族，下与非类婚偶”的观点，并对百姓不遵先帝明诏的现象表示不满。十五年后，孝文帝再次下诏，令“厮养之户不得与士民婚”。

孝文帝这么要求士族和百姓，自己也是身体力行，纳了几位汉族高门士族的女儿，同时令六个兄弟都将这种出身的女子迎为正妃，将胡汉通婚和士庶不得通婚的原则贯彻到底。如此一来，鲜卑族人也乐于效仿。通过这样的策略，孝文帝既保证了北方的元、长孙、叔孙、穆、陆、贺、刘、楼、于、嵇、尉等旧族大姓，都在士族之列，继续提高他们的文化声望，同时又极大程度地尊重了汉族高门士族，进一步促成了胡汉在文化层面上的交融。

可以说，从这时起北魏高层的婚姻，才是符合汉族之礼的严格意义上的“门第婚”。只是，汉族高门士族能否与鲜卑贵族牵手，还要看实际情况。高阳王元雍就曾想迎娶博陵崔显之妹为妃，可是，“世宗初以崔氏世号‘东崔’，地寒望劣，难之”。原来，博陵崔氏比不上清河崔氏，所以宣武帝元恪才有些为难，这说明了什么？无论是胡汉通婚，还是汉族高门内部通婚，也得考虑郡望这个条件。

小贴士

【南北士族】《新唐书·儒学传中》记柳芳论谱学源流，道：“过江则为‘侨姓’，王、谢、袁、萧为大；东南则为‘吴姓’，朱、张、顾、陆为大。山东则为‘郡姓’，王、崔、卢、李、郑为大；关中亦号‘郡姓’，韦、裴、柳、薛、杨、杜首之。”

北朝这头的汉人士族，高门主要有范阳卢氏、清河崔氏、荥阳郑氏、太原王氏、陇西李氏、京兆韦氏、京兆杜氏、弘农杨氏、河东裴氏、河东柳氏、河东薛氏等；次一些的，则是博陵崔氏、赵郡李氏、顿丘李氏、渤海高氏、渤海封氏、陇西辛氏、河间邢氏、范阳祖氏等。他们构成的成分，包含了魏晋旧籍和新出门户。

【通婚名册】孝文帝尤为看重范阳卢氏、陇西李氏、荥阳郑氏、清河崔氏，因此，亲纳范阳卢敏女、清河崔休妹、荥阳郑义女和郑胤伯女、陇西李冲女等。其六位兄弟所娶之妃，依次为：长弟咸阳王禧聘颍川太守陇西李辅女，三弟广陵王羽聘骠骑谘议参军荥阳郑平城女，四弟颍川王雍聘故中书博士范阳卢神宝女，五弟始平王勰聘廷尉卿陇西李冲女，季弟北海王详聘吏部郎中荥阳郑懿女。

第二章　北有青庐行婚，南有却扇题诗

在讲魏晋南北朝的结婚礼俗前，先来继续看看北魏孝文帝在太和二年五月所发的诏令，其中说："婚聘过礼，则嫁娶有失时之弊；厚葬送终，则生者有靡费之苦。圣王知其如此，故申之以礼数，约之以法禁。乃者，民渐奢尚，婚葬越轨，致贫富相高，贵贱无别。又皇族贵戚及士民之家，不惟氏族，下与非类婚偶。"

门第婚的婚姻法则我们已经说过了，在这份诏令中，还透露出一个重要的信息，那就是，孝文帝认为，婚嫁宜俭不宜奢。那么，在婚嫁上头，"民渐奢尚"到底会导致怎样的后果，才会令皇帝亲下诏令，匡正时风呢？

出于"人口就是生产力"的观点，魏晋南北朝时期一直都提倡早婚。统治阶层不仅对百姓如此要求，自己也是起到了带头作用。随便举几个例子来看看。北魏冯氏14岁入宫侍奉文成帝拓跋濬；南朝梁简文帝萧纲，11岁结婚；北周于翼11岁娶北周文帝宇文泰（追封）之女平原公主……

官方虽鼓励早婚，但如果婚嫁所需成本实在太高，家境贫寒的人便结不起婚，社会上势必会出现大量剩男剩女，引发很多相关问题。因为，这个问题亟待解决。

不唯北朝婚娶崇尚奢风，魏晋南朝也是如此。所以，在孝文帝发布诏令之后11年，南朝齐武帝萧赜也曾下诏，称国境内“晚俗浮丽，历兹永久，每思惩革，而民未知禁”，批评“同牢之费，华泰尤甚，膳羞方丈，有过王侯。富者扇其骄风，贫者耻躬不逮”现象的出现。这个“同牢”，说的是古代礼俗中，新夫妇共食一牲的仪式。

在同一年，齐武帝又下诏道：“可明为条制，严勒所在，悉使画一。如复违犯，依事纠奏。”然而，这样严厉的态度，并没起到多少作用。

应该说，北朝在婚娶上头的奢风更甚于南朝，统治阶层必须得想出实用的办法，来加以应对和引导。孝文帝便在太和二十年，下诏鼓励适龄男女，可以效法古代婚仪，仲春之时去庙会行礼即可。这法子说来是好，一时间也起到过一些作用，但耐不住奢风的刺激，最终效果也不够明显。

再往后，北周武帝宇文邕又规定，凡男子15岁，女子13岁，都可自由嫁娶，淡化仪式。不仅如此，寡妇、鳏夫、现役士兵都可以再婚或是结婚。必须补充一句，在魏晋南北朝时，社会对于寡妇再嫁甚至是妇女改嫁，都是较为宽容的，所谓的贞洁观并不存在实际的影响。

北齐的统治者为了促成早婚，更是招式繁多，甚至以严刑加以逼迫。比如，后主高纬曾下诏，说女子14岁即可嫁人，他的最大忍耐程度是20岁。触及这个底线的，其家长会被处以死刑。这个比晋武帝司马炎还夸张，想当年，西晋政府也只是说，女子超过17岁还未婚配的，就由官方去给她找婆家。

与贫穷人家结不起婚的现象形成反差的，是贵族阶层在婚娶上头的奢侈。这“奢侈”不只是说婚礼前后的花销，还包括他们多妻多妾的行为。在秦汉时期，嫡庶壁垒鲜明，不容僭越。即便是正妻早丧，妾也休想翻身做主人，因此两个正妻的现象，几乎是不存在的。

然而，经过汉末三国的颠荡，这套宗法体系已经受到了冲击，以庶为嫡的现象也层出不穷。对此，晋武帝也只能予以承认，并说："自今以后，皆得登用妾媵以为嫡正。"

韩寿的岳父贾充就是一个例子，他当年娶过李丰之女，但李氏因父获罪遭到流放，贾充又娶了城阳太守郭配之女为妻。后来，西晋建国之后，李氏获赦而归，晋武帝就特许贾充同时置左右夫人，不必为难。只不过，郭氏能生出贾南风这样的女儿，自己岂会是个省油的灯？后来居上的郭氏，很快将李氏挤兑得只能在外居住。

贾充本来也有过一个儿子，但郭氏见着贾充在奶妈手臂里亲孩子，便误以为他看上了奶妈，当即把她杀了。儿子一是受了惊吓，二是只吃奶妈的奶，最后居然给活活饿死了。贾充就此也绝了嗣。真是一场悲剧。

总之，由于双妻甚至多妻现象的增多，立嫡的问题也尖锐起来了。由此，北齐颜之推便在著名的《颜氏家训》中，提出人们应以儒家礼法规束自身，少些贪欲的观点。

说到婚仪中的礼法，必须提及的是，所谓的"夫妻交拜"，是从两晋时才有的风俗，即便是贵为皇帝，也必须得遵循这时风，《隋书·礼仪志》中就有过"皇后先拜后起，皇帝后拜先起"的记载。

要结婚，婚仪理当受到重视。除了共同流行的婚娶奢风以外，北朝和魏晋南朝之间，在结婚礼俗上，都各有其特点。

先说北朝这头。在北朝，催妆、青庐、转毡，都是必不可少的要素。

在《聘北道记》中，有这样的记载："夫家百余人扶车，俱呼曰：'新妇子出来。'其声不绝，登车乃止，今之催妆诗也。"这里说的"今"，指的是唐朝。唐朝时，婚娶依然受到北朝遗风的影响，女方出嫁须经男方多次催促，才可梳妆出来，听凭新郎启门，迎她登轿。

这个催妆的时间，可以从婚礼前二三日开始。为表诚意，男方应该下一份催妆礼。北宋孟元老在《东京梦华录》中就提到了"先一日，或是日早，下催妆冠帔花粉”的习俗。可想而知，催妆的这层意思，一直到宋朝都没改变过。

青庐，是指用青布搭成的篷帐。在举行婚礼时，人们会在住宅的西南角，露天设一青布帐幕，吉时一到，新娘就会经由毡席踏入青庐。

好了，毡席已经出场了，它的作用是什么呢？夫郎迎得新妇之后，不可使之步履着地。新妇走过毡席这么一段路，便可被称为“转毡”。这样的习俗影响深远，北朝皇室也多有遵循。《隋书·礼仪志》中提到纳后的仪式，便是“皇帝服衮冕出，升御坐。皇后入门，大卤簿住门外，小卤簿入。到东上阁，施步鄣，降车，席道以入昭阳殿。”席道，也是指转毡。

值得注意的是，这里面青庐结婚的礼俗，在传入中原后，很快为民间所用，但是到了宋朝以后，已鲜见其踪影了。可是，青庐却成了一种婚仪的文化符号，不时出现在文学作品中。《聊斋志异·神女》中便有这样的片段：“公子辞而出，曰：‘明夜七月初九，新月钩辰，天孙有少女下嫁，吉期也，可备青庐。’”

北朝有北朝的朴素火热，南朝的婚仪，却有一份婉约之美。唐人结婚时，并不用什么大红盖头，这是因为他们也继承了两晋起便兴起的却扇之俗。新妇出嫁，须得掩住面容。团扇在手，这美人娇面便遮住了。“看客们”挺多，但稍有才学的，便不能只甘心做吃瓜群众，必须得炫一下文采才行。写什么？写催妆诗。

雾夕莲出水，霞朝日照梁。
何如花烛夜，轻扇掩红妆。
良人复灼灼，席上自生光。
所悲高驾动，环佩出长廊。

——（南朝梁）何逊《看伏郎新婚诗》

从诗中，我们可以看到新妇红妆而至，柳腰徐步，缓揭团扇莲脸半露的情形，真是说不尽的脉脉情长，翩跹妩媚。

新娘一般都是娇羞忐忑的，但至少有一个人可能不是这样。因为，她先前已经猜到了她那个神秘的结婚对象。

东晋名将温峤看上了堂姑刘氏的女儿，一心想着要续弦。可是，由于温峤年纪不小，而堂姑又太过迟钝，没听懂他的暗示，温峤便决定来一次说骗就骗的婚礼。

温峤将自己的玉镜台拿给堂姑作为聘礼，谎称一个条件不输于自己的男子，想娶堂姑的闺女。新妇却聪慧得很，在行礼之后，拨开团扇时，娇笑道："我就知道是你这老小子。"《世说新语》中记载道，"既婚，交礼。女以手披纱扇，抚掌大笑"，这个俏皮的女子，也真是可爱得紧，难怪温峤一早就对她动心了！

小贴士

【公主改嫁】陈留公主是北魏孝文帝的六妹，初封彭城公主。陈留公主第一任丈夫是刘承绪，此人脊骨弯曲，身体状况不好。其父刘昶本为宋文帝之子，曾娶过三位北魏公主，身份隆显。出于政治考虑，孝文帝把妹妹嫁给了他。刘承绪27岁时早死，陈留公主无子一身轻松，返回皇宫居住。

由于姑嫂不睦，陈留公主不愿被皇后冯妙莲逼嫁给她的弟弟冯夙，便偷溜出去，前往哥哥出征的悬瓠去告状——皇后出轨。孝文帝33岁时英年早逝，死前下诏要赐死皇后。陈留公主大概在33岁时，改嫁给了琅琊王家的王肃。王肃大她四岁左右，曾娶过谢家的女儿，生了一儿二女。

因为政治避难的原因，王肃来到了北魏，但他并不是有意要当陈世美的。公主的幸福生活，仅在一年后就遭遇了威胁——谢夫人竟然拖儿带女地来到了北魏。

王肃愧疚之极，只能建一个家庙，让谢夫人做了女尼。夫人颇为伤感，写了一首双关诗：“本为箔上蚕，今作机上丝。得路逐胜去，颇忆缠绵时。”公主便代王肃回信，道：“针是贯线物，目中恒纴丝。得帛缝新去，何能衲故时？”言下之意，便是她是新“丝”，旧“丝”靠边去。

公主仰仗贵重的身份，保住了地位，但王肃命不久矣，没有生养的陈留公主再次回到皇宫。后来，张彝、高肇都向她求过婚。公主本来要嫁给张彝，但对方居然中风偏瘫了。

再后来，史书中再无公主婚嫁的记录。

第三章　冥婚，可恶的陋习

冥婚，顾名思义就是死人结婚，因此又被称为“鬼婚”“阴婚”“冥配”等。从夫妻双方的生存情况看来，死人与死人婚配，活人与死人婚配的现象都是有的，但以前者为主。早在殷商时代，冥婚便已存在，即便是到当今，也存在于极少数地区，造成不少悲剧。

那么，魏晋南北朝时的冥婚现象，是怎样的呢？

在《周礼·地官·媒氏》中，我们可以找到“禁迁葬者与嫁殇者”的记录。郑玄为此注曰：“迁葬，谓生时非夫妇，死既葬，迁之使相从也。殇，十九以下未嫁而死者。生不以礼相接，死而合之，是也乱人伦者也。”这就是说，“迁葬与嫁殇”即是冥婚，周礼中认为冥婚是有违人伦的行为，因而对此予以明文禁止。

根据相关学者的考证，冥婚起源于殷商，发展于魏晋南北朝，兴盛于隋唐五代，不绝于宋元明清。的确，两汉时期虽有冥婚现象，但在史载中较为少见。其中，最为有名的，当属在建安十三年（208年）时，曹操为爱子曹冲配冥婚的故事。“曹冲称象”的典故本属移花接木似的杜撰，但曹冲的确是很得父亲宠爱的，这一点毫无疑问。《三国志》中曾提到，曹操对曹丕等孩子说道：“此我之不幸，而汝曹之幸也。”

对于夭折的儿子，曹操心疼至极，打算为其谋行冥婚。正好，司空掾邴原有一小女，早已入土为安。然而，邴原以“合葬，非礼”的理由拒绝了他。最后，曹操终于达成了愿望，求得甄氏亡女，以成冥婚。

因为有此前例，魏明帝曹叡爱女夭折后，他不仅将其追谥为“平原懿公主”，立庙于洛阳，葬于南陵，还命早夭的甄黄与之合葬，给他追封了侯爵。这事惹得舆情大哗，司空陈群立马谏阻，在奏疏中称“八岁下殇，礼所不备，况未期月，而以成人礼送之，加为制服，举朝素衣，朝夕哭临，自古以来，未有此比”。

不仅是他，少府杨阜也劝过皇帝，说他都没给自己父母亲自送葬，现在也不该拿这种礼节对待八岁的亡女。但皇帝丧女之痛未平，又哪里听得进去这些话呢？罔顾礼法就罔顾礼法，白发人送黑发人已经够伤心了，别的事他也管不着了。

北魏孝文帝元宏也曾做过这样的事。当时，始平公主早夭于宫中，孝文帝想起之前重臣穆崇的玄孙平城已埋入黄土之中了，于是便和穆崇结了亲家，追赠平城为驸马都尉，迁葬过去陪伴公主。

客观地说，魏晋南北朝的这几位皇帝，之所以为儿女选择冥婚，主要是出于爱子之心。这一点，似乎不是不可以被理解。不过，正如后世社会学家所言，人非只个体人而已，作为社会人，一举一动都可能会对他人造成很大的影响，又怎能不慎重处之呢？

主流社会都认为冥婚是一种陋俗，但千年以来却一直不能禁绝它的存在，究其原因，除了为人父母的爱心之外，也有畏惧的心理在作祟。

这就是说，他们既爱子女，也怕子女。这话怎么说呢？且来看看杨炫之《洛阳伽蓝记》中的记载。书中说，洛阳沙门达多，在菩提寺挖出了一个活人，名叫崔涵。崔涵回到故里，但父母以为他早已死去，没想到大白天的见了“鬼”，几乎吓得魂不附体。父亲崔畅赶紧去门前烧了堆火，拿起刀子对准儿子，而母亲魏氏则手持桃枝，说：“我们不是你的父母，别来找我们。你赶紧走吧！”

崔涵的遭遇很是复杂，一言难尽。但由这个记载不难看出，即便是亲生父母，生前对儿女百般疼爱，也是不欢迎鬼魂回来找他们的。因为，“冒失鬼”突然回家来，一般人都会认为他们是来索命，至少带来晦气的，所以，民间有个词语叫作“避煞”。

“死有归煞，子孙逃窜”，《颜氏家训·风操》中有这样的记载。不难看出，为了避开回家捣乱的鬼魂，子孙们甚至离家出走，有多远躲多远。可想而知，人们对鬼魂作祟的可能性，有多少畏心。

相比而言，人们更害怕的不是老死的人，而是夭殇的人。因为，按照宗法制度，早夭者不但没享尽天年，而且也未得全人伦，是不能被葬在祖茔的。也正因如此，这些可怜人不曾通过阴阳，亡魂没有着落，因而难免对不公的命运心存怨怼，所以他们是所有逝者中最有可能回来作祟的一种。

那么，怎么办好呢？至少给他们一个慰藉，让他们在阴间结个婚有个伴吧！按照他们的观念，亡魂们有个自己的家，他们也就能归葬祖茔得享祭奠，不再出来害人了。对很多父母来说，他们之所以选择为儿女配冥婚，心疼的因素远远小于他们对自身安全的担忧。

在这两个因素以外，维系香火的宗法性观念，也是冥婚禁而不绝的原因。依照儒家礼法，男性无嗣，其香火无以传递，财产无以继承，父母很有必要从根源上解决这个难题。不过，人都死了，所谓的后嗣从哪里来呢？以曹冲为例，曹操在给曹冲娶了媳妇后，便命宛侯曹据的儿子曹琮改嗣给曹冲。

明朝陆容在《菽园杂记》中提过，“凡男子未娶而死，其父母俟乡人有女死，必求以配之。议婚定礼纳币，率如生者，葬日亦复宴会亲戚。女死，父母欲为赘婿，礼亦如之”。这样等候乡人儿女死后，再为自己孩儿配冥婚的现象，魏晋南北朝时也是如此。不过，有一点一定得注意的是，要是他们没有耐心等到儿女的婚配对象，会采取很多极端的办法。

最为极端的办法，莫过于买卖幼尸，甚至是“制造”幼尸。前者，为盗墓者创造了“商机”；后者，则是滋生了犯罪行为——有些人会铤而走险，特意杀害幼童以牟取暴利。

在儒家思想的笼罩之下，社会呈现出极为怪异的现象，一方面对冥婚予以否定态度，另一方面又“上行下效”地或高调或低调地进行冥婚活动。这也可以说是一种变态的婚姻观了。

不健康的婚姻观，其实也不止冥婚。烝报婚便是一种被视为乱伦的淫行。所谓的“烝”，指的是父亲死后，儿子娶庶母的婚俗；所谓“报”，指的是兄、叔死后，弟娶寡嫂，侄娶婶母的婚俗。王昭君在南匈奴呼韩邪单于死后，被迫接受“子妻庶母”的命运，即是依俗而行。

《左传》中提到，秦、齐、楚、晋、郑、卫各国都出现过烝、报现象。必须说明的是，这种有违人伦的婚俗，虽然被视为淫行，但有些时候并不因淫而生。要知道，烝报婚也被称为“收继婚”“转房婚”，这是因为，实行烝报婚的往往是贵族集团，而他们将寡母、寡嫂、寡婶娶过来，可以保障宗族的利益不外流。

这种婚俗由来已久，中原历代王朝几乎都在法律上禁止过烝报婚，但在少数民族地区并不少见。匈奴、乌孙、突厥、党项、鲜卑等，都曾出现过这样的情况。

历史上有个极有名的惨剧，叫作“国史之狱”。

在北魏太平真君十一年（450年）六月，崔浩因修史而招祸，被太武帝拓跋焘下令族诛，其姻亲范阳卢氏、太原郭氏和河东柳氏等，也被牵连了进去。

经后世学者的分析，国之股肱崔浩之所以有如此悲惨的遭遇，其因既有他打算照汉族世家大族的办法，“欲大整流品，明辨姓族”，激化了胡汉间的矛盾；也有他主持编纂国史，对拓跋皇室早期鲜为人知的历史如实照录的原因。

应该说，崔浩是胡汉矛盾的牺牲品，不过编纂国史，是触发炸药桶的引线，这个原因也是不容小视的。太武帝晚年，本来就暴怒无常，崔浩秉笔直书，将皇室祖辈烝报婚等现象都写入书中，无疑戳痛了统治阶层的神经。

可怜，“少好文学，博览经史。玄象阴阳，百家之言，无不关综，研精义理，时人莫及”的崔浩，连带着北方士族，都遭到了沉重打击。

后来，太武帝在北巡阴山时，北部尚书宣城公李孝伯亡故了，想起李孝伯，也想起崔浩，太武帝不由叹道：“李宣城可惜！”转而又说道：“朕失言，崔司徒可惜，李宣城可哀。”可人死不能复生，后悔又有何用呢？

小贴士

【梵嫂】两晋以来，僧尼人数众多。“断婚姻、无子嗣、弃孝养、绝宗祀”的问题，在此时对他们来说，还不构成影响。僧尼互娶，或是凡人与僧尼通婚的现象，都不鲜见。根据史载，后秦文桓帝姚兴曾逼令高僧鸠摩罗什娶妻10人。和尚的女人，被时人称为“梵嫂”，小辈的和尚还将之敬称为“师娘”。太武帝拓跋焘曾在长安寺院内发现私造武器和居住过梵嫂的密室。他本为剿灭卢水胡义军而来，当即决定查抄寺院。

【中表婚】古代外为表，内为中，因此，由表兄弟姊妹结成的婚姻，称为“中表婚”。狭义的中表婚只指三代以内的情形，但广义的中表婚则是指出于同一祖父母、外祖父母、曾祖父母、外曾祖父母等血缘关系的表兄弟姊妹间的婚姻。从本质上说，这种婚姻也是一种近亲结合的模式，聚族而居的生活环境对此产生了主要的影响。在明、清两代，中表婚是法律所不容的，但“娶己之姑舅两姨姊妹者，杖八十”的法规渐渐失效，因为由来已久，很难完全移风易俗。在西魏大统九年（543年）时，文帝元宝炬曾下诏：“禁中外及从母兄弟姊妹为婚。”这是魏晋南北朝时期禁绝中表婚的一个特例。

第四章 嗑药，飞一般的感觉，火一般的温度

要问魏晋南北朝时，什么药物最为常用，那一定是五石散（寒食散）。

打从秦始皇开始，求访仙药的事就没终止过，虽然历代帝王都没少在这上头栽过跟头，但因为畏惧死亡，他们宁愿花费巨大的财力物力，来实现渺茫的希望。

汉武帝曾信奉方士李少君、栾大等，开始烧炼金石一类的矿物，成品即为石药。据说，东汉张仲景研制出了一种治疗伤寒的药，叫作五石散。

这里面到底有哪些成分呢？依照东晋葛洪所述，有丹砂、雄黄、白矾、曾青、慈石，而隋代名医巢元方考证后却说，是钟乳、硫黄、白石英、紫石英、赤石。这也有可能是，在五石散的炼制过程中，成分有了变化。

按照史料记载，曹魏何晏首先服用五石散。

五石散的确是一种药，但何晏不可能总是患伤寒病吧，那么，他喜欢嗑药，为的是什么呢？《世说新语》中提到，“服五石散，非唯治病，亦觉神明开朗”。这是说，嗑药可以在精神上予人愉悦感，说白了，它已是一种毒品。

在魏晋时期，五石散成为一种时尚。作为玄学鼻祖，何晏最好五石

散这一口，并且还在张仲景的药方上做了改进。我们知道，但凡人吃了毒品，都会产生一种不可言状的感觉，既飘飘欲仙，又燥热狂急。这种感觉会让人精神恍惚，不可自控，做出许多不可思议的事情来。

北魏道武帝拓跋珪早年时，在燕魏争霸中击败对手，又称霸华北迁都平城，为北魏后来统一北方做好了必要铺垫。就是这样一位出色的皇帝，到了晚年时却因为服食五石散而引发人伦悲剧，不得善终，真是令人唏嘘。

由于服食五石散后容易产生幻觉，道武帝刚愎自用的性格攀升到了极点，抱着一种“总有刁民想害朕”的念头，对大臣们极为猜忌，还诛杀了不少人。余下的臣子大都战战兢兢惶恐度日，哪里还有什么心思好好工作。

最后，道武帝要赐死次子拓跋绍的母亲贺夫人，拓跋绍便想方设法勾结了守兵和宦官，翻墙入宫，结果了自己的父亲。拓跋绍弑父的行为自然值得谴责，但性格暴戾的道武帝，因耽溺于五石散，控制不住暴脾气，也是他遭此噩运的原因。

服用五石散而致死致残者，除了道武帝，还有魏晋地图学家裴秀、晋哀帝司马丕、北魏献文帝拓跋弘、西晋学者皇甫谧等人。必须说明的是，皇甫谧从33岁起，就顽疾在身，因此被逼出了一身针灸的本事。

皇甫谧自己知道是五石散害了他吗？一开始，他是不承认的，当名医在跟前如此诊断时，他说他不过是“初服寒石散，而性与之忤”而已。“躯半不仁，右脚偏小”，这分明是器官萎缩，慢性矿石中毒是致病原因，自然可成定论。

出于为贤者讳的原因，魏晋时期的医生们说他是患了风痹，连《晋书》中都称其是“后得风痹症，因而学医，习览经方，手不辍卷”，可实际上，因服食五石散而导致慢性中毒，才是致病的根由。

说到这里，有个问题便很值得思考，既然五石散的坏处那么多，为什么上层社会的名流们会对此趋之若鹜呢？

五石散之所以这么流行，有一点不便道出的原因。皇甫谧曾说：“晏耽爱女色，服五石散体力转强。”此为一证。后来，苏轼对此予以了考证，说：“凡吃过这药的，背生痈疮并伴随呕血，等于服毒，当世之人不可能不知。”

其实，他们不是不知所嗑的药，潜有慢性毒素，但耽于其壮阳的特效，他们偶一为之，尝到了甜头后，便很难放下它了。这是其一。

其二，他们是在逃避。是的，不仅是用清谈来逃避，也是在用药物来逃避。为何这么说呢？

先前我们提到魏晋南朝人，着衣的风格主要是褒衣博带。想想看，服用这样的毒品之后，不宽袖长袍、轻裘缓带，又怎么能散去身体的燥气？由于何晏等人的推崇，名士标榜风流，除了要褒衣博带，手里挎着麈尾，口里说着清玄之语以外，还要服食五石散，才够有范儿。

这样的所谓高贵，换来的只是浸染着妖气的快乐、魔性的繁华。这样的快乐与繁华，岂能长久？嗑药第一人何晏的故事，最能说明这一点。

何晏之父何咸早丧，曹操娶得何晏之母，他也就成了曹操的养子。寄人篱下的滋味，自然是不好受的。长大之后，何晏要脸有脸，要才有才，还娶了金乡公主。魏文帝曹丕却不满意这个妹夫，经常骂他是“假子”。最让曹丕不满的，可能是何晏和他撞衫吧。

到了魏明帝曹叡继位后，经过面片汤的测试，何晏到这年纪了还是个“傅粉何郎”，这又让魏明帝心里暗暗不爽。何晏一贯我行我素，我型我秀，一脸“我不在乎”的样子。后来，他也隐隐嗅到了一些改朝换代的气息，可他还是不懂得低调做人，插手政事时态度也骄矜得很。为此，公主没少为他担忧过。

高平陵政变发动于公元249年，司马懿将依附于曹爽的名士统统下狱，还阴嗦嗦地让何晏负责司审。何晏为求自保，将“乱党”名单尽数呈上。没想到，司马懿却是在耍他，告诉他，还有他何晏，将会三族受诛。好在，公主早就想与何晏划清界限，司马懿最终没有拿去公主母子的性命。

鸿鹄比翼游，群飞戏太清。
常恐夭网罗，忧祸一旦并。
岂若集五湖，顺流唼浮萍。
逍遥放志意，何为怵惕惊？

——（三国）何晏《言志诗》

何晏在这首诗中透出一种忧患意识，与他放浪不羁的形象颇有些出入。

人生无常的道理，何晏他是懂得的，但却不知如何去面对。靠着五石散的麻醉，他一再地为自己和时代粉刷着华彩，最后终于死在这个幻境之中。末世景象之一，少不了全民嗑药的颓丧气氛。在血腥味弥散的时代，人们以酒，以五石散，以清谈来麻醉自我，最终还是没有几个人能逃离政治的旋涡，得保朝夕。

隋唐间的名医孙思邈，深知嗑药害人，曾呼吁世人“遇此方，即须焚之，勿久留也”，但直到唐代都有人在追逐短暂虚幻的快乐，直到明朝，都有人在服食经此演变的红铅。这真是无可奈何之事。

有趣的是，在全民嗑药的氛围中，养生思想却在魏晋南北朝时期得到了极大的发展。

政权更迭频繁，灾祸接二连三。在此时，人们的寿命大多较为短暂。为此，养生之道的内涵里，慢慢地有了尚老庄之学，主清静无为，重导引吐纳，服丹药延年的一套养生方法。他们不认为五石散之类的丹药是毒药，反而认为是养生奇药。

这套养生方法，很有些道学色彩，嵇康、葛洪、陶弘景都是其间的代表人物，分别有《养生论》《抱朴子·内篇》《养性延命录》这样的养生著作。

养生的实质在于"养性"，或者叫作"修性"。《养生论》中提到，"修性"应达到的最高境界是，"知名位之伤德，故忽而不营，非欲而强禁也；识厚味之害性，故弃而弗顾，非贪而后抑也。外物以累心不存，神气以醇泊独著。旷然无忧患，寂然无思虑。"这就是说，人不应在名利场太过执着，只要不济济于富贵官禄，就不会累及生命。

陶弘景在《养性延命录·教诫篇》提出了"十二少"的概念，"少思，少念，少欲，少事，少语，少笑，少愁，少乐，少喜，少怒，少好，少恶。此十二少，乃养性之都契也"。这是在减轻生命的负荷，说得挺有道理。

接下来，他又有针对性地指出"十二多"的危害，"多思则神殆，多念则志散，多欲则损智，多事则形疲，多语则气争，多笑则脏伤，多愁则心慑，多乐则意溢，多喜则妄错昏乱，多怒则百脉不定，多好则专迷不治，多恶则憔煎无欢。此十二多不除，丧生之本也。"

养性，才能更好地养生，这是在教导世人要从内至外地进行保养。除此以外，葛洪也持有"内修形神，使延年愈疾，外攘邪恶，使祸害不干"的形神共养观，其具体方法，嵇康说应该"呼吸吐纳，服食养身"，这样可"使形神相亲，表里俱济"。

如果能做到这一点，人可获得清明的神志，恬淡的心境。依我看哪，"呼吸吐纳"自然是不错的，而五石散之类的药物，本质上是毒品，所以啊，这"服食养身"还是免了吧！

小贴士

【名医录】雷敩：南朝宋时的药学家。著有《炮炙论》，共三卷，记载了十七种制药法。原著不存，但其内容因被后世收载而得以存留，炮、炙、炒、煅、曝、露等制药法，至今仍被采用。另外，清末张骥将散佚的《炮炙论》辑录为《雷公炮炙论》。

陶弘景：生活于南朝宋、齐、梁三朝，医学世家出身，被时人称为"山中宰相"。陶弘景整理了《神农本草经》，著成《本草经集注》七卷，辑录了730种药物，并首创以玉石、草木、虫、兽、果、菜、米实为标准的药物分类方法，沿用至今。其著作与《炮炙论》相似，也通过历代本草书籍的收录，才得以流传。在敦煌，著作残本已被发现。

全元起：生活于南朝齐、梁两朝。全元起的《注黄帝素问》一书，是我国第一本对《素问》加以注解的药学书籍。该书虽佚，但幸好宋人林亿等在校正《黄帝内经》时，对其有所引录，我们才能窥见《注黄帝素问》的一部分面貌。

徐之才：北齐医学家。医学世家出身的他，历仕南齐、北魏、东魏、北齐，不仅医术高明，且深获帝宠。其著作有《徐王八代家传效验方》《徐氏家秘方》《徐王方》这样总结家传医道的书籍。又有《药对》一书，以总结过往药剂学的精华为主要内容。

许胤宗：从南朝梁生活至唐朝武德年间。许胤宗极为精通脉诊，用药讲究变通性，善于治疗中风、骨蒸病（痨病）等。其为柳太后调理气血的熏蒸施药法，可以被看作是现代雾化吸入疗法的前身。尤为特别的是，许胤宗终生不曾著书立说，他自己说道："医者意也，在人思虑，又脉候幽微，苦其难别，意之所解，口莫能宣。"

甄权：从南朝梁生活至唐朝贞观年间，因母久病而成医，十分孝顺。

甄权最为擅长的，是针灸术。到了隋朝开皇年间，曾为秘书省正字，后称病辞官。实际上，他语于养生之道，颐养有术，活了103岁，连唐太宗都曾亲往取经。甄权著有《古今录验方》《针经钞》《明堂人形图》《针方》《脉经》，惜其不存。

第五章 选墓地？防火防盗防皇帝

《荀子·礼论》中说：“丧礼者，以生者饰死者也，大象其生，以送其死，事死如生，事亡如存。”此后，国人头脑中就有了一个观念，叫“事死如事生”。

怎样才能为死者尽最后的孝道或是情义呢？当然首先是要为他们挑选一块上好的墓地，呈上足够好的生活用品，让他们能在阴间享福。然而，这一切都做好以后，也不能消停，因为哪里有墓地，哪里就有可能有盗墓贼，必须得防着点儿。

由于某位盗墓贼盗出了大名堂，我们说这个话题便绕不开他去。他叫作不准，读音是“fǒu biāo”。西晋名盗不准，在太康二年（281年），曾在汲郡（今河南省汲县西南），偷掘了战国时期魏襄王的陵墓，您猜他发现了什么？对历史了解较多的朋友，一定知道《古本竹书纪年》的存在，而它最初被史家称为“汲冢竹书”。

不准发现了不少写在竹简上，多达10万多字的古书。其间所记述的商朝历史，从盘庚迁殷后算起，仅仅只273年。然而，《史记》中的记载却是

773年。经过考证，早于《史记》成书200年的竹简上，所述的商朝史更接近真实情况。不过，发现这一点的人，不是不准。不客气地说，他还没有这么高的水平，去分析比对史料中的异同，得出这样震惊史学界的认识。

据说，当时不准的火把刚好燃尽了，于是他在漆黑的墓室里瞎摸一气，竟然随意捡起墓道里的竹简来作火把。官府的人闻风赶来时，不为不准所看重的珍宝，只剩了少半零散在地。

要说有官方的重视就是好啊，抢救工作迅速展开。由中书监荀勖、中书令和峤牵头，束皙、傅瓒、张宙、卫恒等杰出才士组成的“抢救小分队”立马开始加班加点地工作。官方将一众人抢救、整理、释读出来的竹简，定名为“汲冢竹书”。再后来，这些竹简被整理，更名为“古本竹书纪年”。

正因有了不准的为人不齿的盗窃行径，《汲冢竹书》才得以重入人间，继而不但纠正了《史记》中的谬误，也刺激了晋代史学的独立。当然，不准盗墓的做法肯定是错的，但他这样误打误撞，却有了非凡的贡献，不知该不该算是功过相抵。

说起盗墓贼来，几乎在历代都是遭人唾弃的，甚至是要受到严惩的。比如，明朝对陵寝的保护制度是空前完备的，胆敢触犯者将遭受重刑。看看《明会典·刑律条》里怎么说的，“凡谋反及大逆，但凡共谋者，不分首从，皆凌迟处死”，这个“大逆”，说的就是盗毁宗庙、山陵和宫阙的行为。单看这一条，都令盗墓贼胆寒。

且往汉朝回溯过去，“窃盗者刑”“发墓者诛”等峻厉的语句也时常见诸律令之中，但是自从旧石器时代晚期，逝者有了竖穴墓（土坑墓），有了附葬的物品后，盗墓贼的眼睛就红起来了。

要说盗墓贼盗墓的目的，可以说是五花八门，但主要是以下几种。一是谋财，二是报仇，三是破坏风水，四是兴之所至。其他的都好理解，这个“兴之所至”该怎么理解呢？来看看传说中的两位盗墓人士——刘去和钟繇。

西汉广川王刘去，堪称是史上最变态的盗墓贼了。他之所以好这一口，主要是因为他觉得这事刺激好玩。西汉刘歆在《西京杂记》中披露过，“国内冢藏，一皆发掘”——估计能逃过他贼铲的，是太过寒碜让他不屑抬眼皮的小墓了。

总之，刘去所盗挖的大型墓葬，主要是魏襄王、晋灵公的陵墓。《太平广记》中写道，刘去掘盗魏襄王的墓，很花了些功夫，因为这个石椁的入口，是用铁水灌注过的，这就花了三天时间。之后，生漆杂以犀牛皮所制的棺材，也是厚达数寸，不用锯子完全不能锯开。

相比而言，生前口碑差到极点的晋灵公，在死后几百年后，遭到刘去的掘盗，可以说是报应了。一个是君不像君，一个是王不似王，在陵墓中亲密接触——刘去从晋灵公的九窍中取走了金玉——真可谓是“恶人自有恶人磨”。

至于曹魏大书法家钟繇盗墓的事，与之平日的正人君子形象相去甚远，这是怎么回事呢？话说，东汉书法家蔡邕著有《笔势》一书，还是“飞白体”的创始人。《笔势》后来被曹魏的书法家韦诞捏在手里。钟繇十分想拜读《笔势》，无论是借还是买，对方都不干，于是年深月久的，就生出了心病。到了韦诞去世之后，钟繇就再也坐不住了，干脆雇盗墓贼掘墓偷书。

不过，根据考证，钟繇早于韦诞23年过世，谣言应该可以不攻自破了。唐人张彦远在《法书要录》中提过，蔡邕、蔡文姬、钟繇是一脉相传的，因而，钟繇之隶书，颇得蔡邕隶书之味，是很应该的事。在此，有意将钟繇受冤的公案写了出来，是为证明贤者的清白。

被冤枉的是钟繇，被“广泛认可”的专业盗墓贼，则肯定非曹操莫属。因其后来被追封为武帝，故此他可以被算在皇帝的行列中。曹操的专业，在很大程度上是因为其“挟天子以令诸侯”的地位。

认真算来，历史上很多大规模的盗墓活动，都有着官方的参与或是默许的因素在里面。不过，这种事是上不得台面的，官方的态度一般都是——一般人我不告诉他。可曹操却不同，他竟在军中设置了“发丘中郎将”“摸金校尉”这样的岗位，专门负责“研发”盗墓工具，执行盗墓任务。托当下正火爆的盗墓题材小说的福，这些岗位的名称和性质，今人应该很熟悉了。

试问，曹公当年如此“光明正大”地冒天下之大不韪，是为哪般？无疑是为了钱。要打天下，要筹集军饷，除了发这种死人财，也没有更方便更快捷的生财之道了。

在曹操掘盗过的陵墓中，最有名的应该是芒砀山王墓了。此处所葬的，是汉朝梁孝王刘武和李王后。相信不少人都去过北京的明十三陵吧，芒砀山王墓的面积足有明十三陵的四倍之大。人称“天下石室第一陵”，还真不是吹的。

然而，“树大招风”这话真是一点儿都没错。规模宏大、陪葬丰厚的芒砀山王墓，终于落入了曹操之手。墓道、甬道、主室、回廊、侧室、耳室、角室……繁杂的组成部分，如果不是专业程度够深，掘盗起来肯定是吃力的。曹操也很看重这件事，因此还亲临现场，指挥手下掘金取宝。传言说，这次曹操可赚翻了，“收金宝数万斤”，凭此养活了全军将士三年。

只是，为今人所难参透的是，芒砀山王墓的墓道，本来是用千斤巨石封死了的，真不知曹操手下的能人们，是用了怎样堪比起重机的器具，才能搬开巨石的呢？

在东晋十六国对峙时期，乃至之后的南北朝时期，帝王级别的盗墓贼都不鲜见。咱们不妨来聊一聊其中另外几位行家。

按时代顺序，首先来看看前赵昭文帝刘曜。这位仁兄为了得到足够的施工材料，来给父妻修建陵墓，便干起了“拆了东墙补西墙”的勾当，只不过，这东墙是别人家的，跟他毫无关系。因为前赵境内的古冢被掘盗了成百上千，而安全措施做得又不够好，因此，那些丢弃的尸骸释放出了大量的疫气，造成了不可挽回的损失。

后赵武帝石虎，和叔父石勒都对盗墓有狂热的兴趣，赵简子墓和秦始皇嬴政的皇陵，都“招待”过石虎的御驾。《晋书》中提到，“又使掘秦始皇冢，取铜柱铸以为器”，想来应该是大有所获的。

《晋书》中还有这样的记载：“姚苌残虐，慕容垂凶暴，所过灭户夷烟，毁发丘墓，毒遍存亡，痛缠幽显，虽黄巾之害于九州，赤眉之暴于四海，方之未为甚也。”这说的是后秦武昭帝姚苌和后燕成武帝慕容垂。据著史者看来，这两位皇帝是走到哪儿，盗到哪儿，行为较之黄巾军、赤眉军都更为恶劣。

《晋书》中不严谨之处不在少，对姚苌和慕容垂掘墓的恶劣程度，我们存有保留态度，但所谓“空穴来风，未必无因”，对他二人“帝王盗墓贼”的论断，应该是符合实情的。这俩的生年和卒年都很接近，也难怪被放在一块儿说，受到时人的指指戳戳。

南北朝时的帝王盗墓贼，以南朝宋前废帝刘子业为代表。在这方面，他是极为仰慕曹操的，因而也在侍从中设置了发丘中郎将、摸金校尉的职务。让人无奈的是，当有人制止神秘盗墓贼的时候，却意外地发现那竟是当朝皇帝，连阻止的勇气都没了。

话说回来，不管掘盗的目的是什么，掘盗者的身份有多尊崇，一旦被人逮着这段黑历史，势必会大做文章。这一点，仅看“建安七子”中陈琳写的檄文便可见出端倪。“操率将校吏士，亲临发掘，破棺裸尸，掠取金宝，至今圣朝流涕，士民伤怀。又署发丘中郎将、摸金校尉，所过毁突，无骸不露。”这是言辞咄咄的控诉，对此，曹操心里真会一无所动吗？

盗墓过多，曹操也怕遭人报复，故此特设了七十二疑冢，还提倡薄葬和秘葬，一开魏晋南北朝薄葬风气之滥觞。石虎也要求薄葬，并为此还采取了杀人灭口的秘葬之法，但可惜的是，前燕景昭帝慕容儁，得到了石虎生前妃子李菟的相助，最终找到了他的秘葬之所。

今人不是有句话，叫作“试看苍天饶过谁”吗？若是将这句话送给石虎，倒也挺贴切。

小贴士

【隋唐前的墓葬形式】古今以来，墓葬形式一直都有变化。在旧石器时代晚期，竖穴墓产生了。在新石器时代晚期，已小规模出现过木棺。到了商朝时，墓葬的阶级和等级差别，便鲜明起来了。亚字形墓和中字形墓开始出现，而贵族的墓葬中，都要使用木材所筑的椁室。西周春秋承前发展，并出现了只有一个墓道的甲字形墓。此时，夫妻“异穴合葬”的制度也已形成。战国时期的贵族墓葬，一般要在地面用夯土筑一个坟丘，多重棺椁往往都施以髹漆及彩绘。到了战国晚期，横穴式的土洞墓和空心砖墓开始出现。

汉朝中期以来，逐渐在横穴式的土洞墓基础上，增设以砖和石料所筑的墓室，形制很像现实生活中的房屋。及至东汉时期，已大面积普及了砖室墓，石室墓也曾盛极一时。魏晋南北朝的墓葬制度，基本上承袭汉代，但薄葬之风兴起后，大致如曹操所愿，选址在“瘠薄之地”“不封不树”，平地深埋即可，陵内“无藏金玉珍宝”。

第七辑　教育文化，交际往来

第一章　胎教、试儿，一个都不能少

搞教育，要从娃娃抓起。抓娃娃的教育，又最好从胎教抓起。这就是说，一个人的竞争，从娘胎里就开始了，今人在这方面已经达成了共识。然而，胎教这个概念并不是现当代才出现的，早在周朝之前，聪明的古人们便有胎教观念了。

据西汉刘向的《列女传》称，周文王的母亲怀孕时，就格外注意胎教时要“目不视恶色，耳不听淫声，口不出恶言”这几点。根据《礼记》的记载，周朝王室和贵族阶层也已开始实行“胎教之礼”了。西汉贾谊在《新书》中提到“胎教”一词。看来，之前虽有胎教的概念，但“胎教”一词见诸文献中，是在西汉。

在魏晋南北朝时期，医书中已有“胎教”这个专门门类，这就可以表明胎教在此时，还是受到一定关注的。

我们今日所说的胎教，主要是一个狭义概念。在胎儿发育成长的各个阶段，只要按照规律去进行视觉、听觉、触觉等方面的刺激，使之形成条件反射。这种狭义的胎教，算是直接胎教。

在魏晋南北朝时，人们承袭前代的观点，所秉持的是一种广义的胎教观。

在西晋张华的《博物志》中记载，孕妇的行止和饮食上都不能触犯一定的禁忌。“妇人妊娠，不欲令见丑恶物，异类鸟兽。食当避其异常味，不欲令见熊罴虎豹。席不正不坐，割不正不食，听诵诗书讽咏之音，不听淫声，不视邪色。以此产子，必贤明端正寿考，所谓父母胎教之法。故古者妇人妊娠，必慎所感，感于善则善，恶则恶矣。”

总之，就是要看美的，吃美的，听美的，想美的。说到“不可吃异常味”这点，他还说道：“妊娠者不可啖兔肉，又不可见兔，令儿唇缺；又不可以啖生姜，令人多指。”这些说法，在今天看来迷信色彩太浓，不足为信，但是在过去，还是被奉为科学的。

北齐颜之推也在《颜氏家训》中说：“上智不教而成，下愚虽教无益，中庸之人，不教不知。”他是充分肯定了胎教的价值所在。接着，他又评价道：“古者，圣王有胎教之法；怀子三月，出居别宫，耳不妄自听，音声滋味，以礼节之。书之玉版，藏诸金匮。”

有时候，如果母亲自已本人就接受过良好胎教的话，也会有利于提高个人修养，更好地教育下一代。查阅《封孝琰妻崔娄诃墓志》，可看见那里面的赞语，而她之所以有这么好的素养，是因为“禀自胎教，行举名扬”。这里所说的胎教，既包括了她在娘胎中蒙受的教养，也包括后期的家庭教育。

看来，社会对胎教之法都有共同认识。要说让孩子赢在娘胎里，只进行胎教显然还是不够的。在魏晋南北朝时，迅速发展起来的养胎学，就帮了大忙。

西晋有位名医叫王叔和，他所著的《脉经》，其中有大量对妇女的妊娠、产后、带下、月经等方面的疾病进行诊脉和医治的论述。在这方面，更有针对性、更权威的是《逐月养胎法》。

北齐名医徐之才在书中，对胚胎、胎儿的生长发育过程，各月常发疾病都进行了研究，最后得出一套逐月养胎和孕期保健的理论。时人深以为然，故此也被收入了隋唐名医孙思邈的《千金要方》。

不妨来看一看名医的理论。

怀胎一月时，“寝必安静，无令恐畏，饮食精熟”，这是说，孕期刚开始便要防噪声污染，不要受到惊吓，多吃营养熟烂的食物；怀胎二月时，须“居必静处，慎戒房事”；怀胎三月时，应“居必静坐，清虚和一，坐无邪席，立无偏倚，行无邪径，目无斜视，耳无邪听，口无邪言，心无邪念，无妄喜怒，无得思虑，好芬芳，恶秽臭，是谓外象而内感”——这些话语看着有些眼熟吧，很显然，养胎之法是和广义胎教互相渗透的，本来就不可分开来看。

怀胎四月时，孕妇应该“静体和志，饮食节调，洗浴远避寒暑”；怀胎五月，孕妇们要有充足的睡眠，经常“洗浣衣服”“深其居处，厚其衣裳”，以免遭受外界寒邪侵袭；怀胎六月时，劳逸结合好一些，所以可以“出游于野”，吃的东西，也最好是“调五味，食甘美”。

到了最关键的后三个月，孕妇该怎么养胎呢？

怀胎七月时，虽然大腹便便很不方便，也要“劳身摇肢”，进行适当的体育锻炼，这样才能百脉舒展，便于产子，此外，“大言号哭”是使不得的，“居处必燥”也是要注意的。

怀胎八月时，“无使气极，无食燥物，无辄失食，无忍大起，和心静息”，总之就是要静养，不要为诸事劳神。

怀胎九月时，即将临盆，需要做的，便是“饮醴食甘，缓带自持而待之”啦！吃营养的食物，穿宽大舒适的衣服，等待“冲刺”分娩在即的十月。

只要逐月养胎，到了怀胎十月之时，孕妇们别的都不要担忧，“候时而生”便是。

不管是养胎，还是胎教，都特别关注了孕期女子的健康，这是很具有人文关怀的。不仅如此，魏晋南北朝的一些国家，还从法律上对孕期女子进行了保护。比如，南朝梁的法律里，特别提到了“女子怀孕者，勿得决罚”这一点。

然而，我们还是要说，在战火频繁的时代里，法律的保障，养胎学说的发展，对于民间的孕妇来说，影响力还是有限的。医疗体系不健全，她们出于拳拳爱子之心，主要会借助求神问卦的方式，来求得心理上的平安符。

那么，她们还会对胎儿进行胎教吗？（说起来，胎教的成本还是不高的。）这个肯定是有的。有学者认为，只要母亲对儿女有成龙成凤的期待，都会在潜意识里影响她腹中的孩儿，逐渐长成她所期待的模样。

《洞冥记》中记载道：“东方朔母田氏寡居，梦太白星临其上，因有娠。田氏叹曰：‘无夫而娠，人将弃我。’”我们看这段记载，别去管里面那玄乎乎的东西，或是猜想这其中不可告人的秘密，如果只看“梦太白星临其上”这句，便可见到民间孕妇的这种胎教意识。

《三国典略》中记载了宇文泰出生时的情形，“周太祖（追封）宇文泰之母曰王氏，初孕五月，夜梦抱子升天，才不至而止。寤以告德皇帝，皇帝喜曰：‘虽不至天，贵亦极矣’”。这个“德皇帝”，当然是说的宇文泰的老爸宇文肱了。在这则小故事中，同样可以看出，宇文泰之母对腹中孩儿的祝福的期待。

有道是“男成俊士，女号英姬”，本来男女都一样。可大家都知道，受时代局限，在这成龙成凤的期待中，古人当然觉得一索得男是最理想的。当时，有一个迷信说法特别流行——人们认为，男女的性别是可以控制的。

说实在的，民间的确有一些办法，可在一定程度上提高生儿子的概率，但这么言之凿凿，其法到底可信不可信呢？来看一下。

南朝宋刘敬叔在《异苑》中提到，魏晋时百姓们普遍认为，“妇人妊娠未满三月，著婿冠衣，平旦左绕井三匝，映井水，许见影而去，勿返顾，勿令婿见，必生男”。这意思就是说，在前三个月，是可以通过这种办法来求取男胎的。

这种说法，今人看着自然是嗤之以鼻的——明显是一种巫术。不过，时人对此法如此推重，自然是出于延续香火的心愿，实在也是既愚昧又质朴。

好了，管他生男也好，生女也罢，孩子生出来了，有条件有心思的父母，便该快速进入家长的角色，好好对他们进行教育了。

今人格外看重孩子的周岁，为此不少人会在周岁宴上置办一系列小物件，让儿女来抓取，以此来预卜他日后的志向前程。这种风俗叫作“抓周”。大家对这个都很熟悉，似乎没什么多讲的，但这里要说的却是，抓周最早不叫“抓周”，而叫作“试儿”。这种风俗正是从魏晋南北朝时兴起的。

“江南风俗，儿生一期，为制新衣，盥浴装饰，男则用弓矢纸笔，女则用刀尺针缕，并加饮食之物及珍宝服玩，置之儿前，观其发意所取，以验贪廉智愚，名之为试儿。”《颜氏家训》中对此予以了记录。

传统的试儿礼上，所放之物如文中所述，而今在这种场合，鼠标、牙刷等现代物品也是不鲜见的，这般与时俱进，也是社会的一种进步。

小贴士

【神童录】在魏晋南北朝时，见诸史料的神童特别多。主要有董遇、孙坚、秦宓、郭嘉、曹植、曹冲、何晏、诸葛恪、管辂、钟会、孙亮、常林、竺法护、孙楚、潘岳、张华、王戎、左思、郭象、司马绍、孙康、赵至、荀灌、王允之、葛洪、王羲之、谢尚、王献之、谢道韫（女）、谢灵运、谢惠连、张玄之、顾敷、王育、袁虎、车胤、宗悫、张纯、江淹、范云、王融、张率、祖莹、徐之才、张邱建、萧统、萧纲等人。

【才女录】在私学发达的魏晋南北朝，有些女子也有幸接受到较高的文化教育。因此，此时的才女极为出色。

东晋著名女书法家卫夫人，师承钟繇，最擅长楷书，著有《四体书势》，有《名姬帖》《卫氏和南帖》传世。据考证，她还是王羲之的老师。唐人认为，其书法“如插花舞女，低昂美容；又如美女登台、仙娥弄影，红莲映水、碧沼浮霞”。

西晋诗人左芬，是左思的妹妹。虽无貌却因才学出众被召入宫中，成为晋武帝的贵人。“帝重芬辞藻，每有方物异宝，必诏为赋颂”，其实，她并不受宠，更多是以一个文学摆设的角色出现在深宫中。其代表作为《离思赋》。

此外，制出《璇玑图》的苏蕙，咏絮才女谢道韫，为诗“崭绝清巧，拟古尤胜”的鲍令晖，“绮密，甚有名篇”的韩兰英，擅写情诗吸收民歌营养的刘令娴，都是称誉一时的才女。

第二章　玄之、凝之、焕之……

在魏晋南北朝时期，名字中带有“之”的人很多。先按年代顺序来看看“之”字名人吧。东晋这边有名将刘牢之、画家顾恺之，之后南朝有《三国志》的补注者裴松之、梁文帝（追封）萧顺之、南朝梁名将陈庆之、南朝宋齐间的天文学家祖冲之。

据不完全统计，大名含“之”的人在《晋书》中有25人，在《宋书》中有77人，在《南齐书》中有13人，在《梁书》有11人，在《陈书》有3人，在《魏书》有16人。

时人都热衷于在大名最末来个“之”字，有可能只是一种巧合，而如果您查阅一下琅琊王家的家谱，会发现一个极为特别的现象。王羲之有七个儿子，分别是王玄之、王凝之、王焕之、王肃之、王徽之、王操之、王献之。

不查不知道，一查吓一跳。中国人在取名上避讳甚多，一般来说，在晚辈的大名中，不会出现祖辈用过的字，而王家作为世家大族，怎么会搞出这样的名堂？如果您再查下去，会发现更有趣的现象，那就是整个琅琊王氏家族中，大名最末有个“之”字的，还有不少人——王籍之、王颐之、王建之、王闽之、王胡之、王耆之、王彭之、王彪之、王兴之、王翘之、王宴之、王岷之等人名。简直闪瞎眼！

有趣的是，大名中带“之”的家族成员们，有的关系是兄弟——比如王羲之和哥哥王籍之，有的却是父子，有的甚至是爷孙。为何琅琊王氏会对“之”字情有独钟呢？

崔浩与寇谦之关系，设一假说，就习见材料。《魏书·释老志》寇谦之材料，参《北史》二七《寇赞》。此传中可注意者：少“之”字。非脱漏。六朝天师道信徒以“之”字为名者甚多，之在名中，代表宗教信仰，如佛教之“释”“法”类。“之”非特专之真名，可以不避讳，可以省略。如“王羲之”“王献之”父子不避“之”讳。

——陈寅恪《崔浩与寇谦之》

六朝人最重家讳，而“之”“道”等字则在不避之列，所以然之故虽不能详知，要是与宗教信仰有关。

——陈寅恪《天师道与海滨地域之关系》

陈老的意思是，五斗米道在六朝十分流行，“之”本为五斗米道的标志，为了表明自己对宗教的虔诚，他们便争先以“之”字来命名。不仅是“之”，“道”字其实也在其中。檀道济、刘道隆、郦道元、崔道国等人，都是其中的代表。至于“玄”“元”二字入名，有可能也是因着信奉道教之故。

照这么说来，将“僧”“法”“慧”等字入名，便有较强的信奉佛教的原因。不过，必须说明的是，凡在大名中用了“之”“道”“玄”“元”“僧”“法”“慧”的，也不一定都表明他们是道教徒或是佛教徒，有可能只是出于巧合之故。

好了，既然在魏晋南北朝时期，以宗教信仰来取名不是唯一原则，那么，人们取名还有哪些要考虑的东西呢?

打开《三国志》来看一看，你可以发现，其中的传主，全是用的单字名，这是因为在这之前，社会上取名就有这样的风气，于是，三国时将这种风气承延了下来。当然，这种风气到了东晋中后期以后，就有了变化。

此后，取名时单字和双字现象一直并存下来，到今天都是如此。之所以出现双字现象，主要原因他们把家族的辈分或是排行算了进去。南朝这边，我们可以来看看陈后主陈叔宝的弟弟们。

始兴王陈叔陵、豫章王陈叔英、长沙王陈叔坚、建安王陈叔卿、宜都王陈叔明、河东王陈叔献、新蔡王陈叔齐、晋熙王陈叔文、淮南王陈叔彪、始兴王陈叔重、寻阳王陈叔俨……

原来，陈文帝陈蒨当年曾对弟弟说，自己的孩子都以“伯”为名，他的孩子便应以“叔”入名。陈宣帝陈顼听从了哥哥的安排。《仪礼·士冠礼》中写道：“曰：伯某甫，仲、叔、季，唯其所当。”郑玄注曰：“伯仲叔季，长幼之称。”

古人常以兄弟行辈中长幼排行的次序，来作为表字或对人的敬称。除了辈字以外，双字名的产生，也因为单字名容易重复，不好区分。

我们都知道，严谨地说，古人的名字分为姓名字号。他们取名有讲究，所取的字也是有些规则的。和前代一样，名与字之间是存在一定关系的。

大名和表字意义相同相通的，是第一类。孟轲，字子舆，十分典型。大名和表字意义相近的又可互为辅助的，是第二类。西晋才子陆机，字士衡，这个“机”“衡”皆为北斗中的星名。

大名和表字意义相顺，同出一句话的，是第三类。曹操，字孟德，这一点大家都很熟悉了，其来源应该在于《荀子·劝学》中“生乎由是，死乎由是，夫是之谓德操”这一句。表字对大名意义进行延伸的，是第四类。大家都很熟悉，李白，字太白。这个“太白”便是说太白金星，与李白出生时的奇异处很是有些关联。

第五类情况最为特别，大命和表字的意思要刚刚相反。南宋词人刘过，字改之。意思显而易见，过而能改就好。至于神雕大侠杨过，也是字改之，应该是金老爷子有意效仿这位南宋词人吧。

魏晋南北朝时，有种比较独特的现象，是父子同字。这是说，父子俩在表字上，有一字是相同的。前秦宣昭帝苻坚，有苻宏、苻丕两个儿子，他们仨的表字分别是永固、永道、永叔。无独有偶，南朝齐高帝萧道成字绍伯，其父宣帝（追封）萧承之，则字嗣伯。

其实，不管是不避讳地取“之”字在大名里，还是父子同字现象的产生，都是具有时代特色的。在此时，父子伦常的壁垒，随着封建礼法的相对松弛，已经不是非常明晰了。

如同今人一样，给孩子取名是家里的一桩大事。因此，在大名不曾取好之前，孩子的小名便会喊上好一段时间。那么，那时孩子小名具有什么特色呢？

首先是，大家都爱取贱名。猪啊，狗啊，驴啊，以牲畜之称作为小名，完全符合“贱者命大”的民间观点，因此我们经常能看见“苟儿”“驴驹”“豚子”等名，出现在时人身上。

其次是，大家都特别爱用个“奴”字。宋武帝刘裕，小名寄奴；陈后主陈叔宝，小名黄奴；南朝陈任忠，小名蛮奴；北魏李䜣，小名真奴；北周王庆，小名公奴；北齐思道，小名释奴……

和猪猪狗狗的贱名不同，“奴”字里蕴藏的是浓浓的宠怜之意。您看，唐高宗李治的小名，便叫作“稚奴”，意思是小野鸡；李白的儿子伯禽，小名是“明月奴”，这是因为他生下来的时候，正月色如水，播撒四野。

“斜阳草树，寻常巷陌，人道寄奴曾住。”“可堪回首，佛狸祠下，一片神鸦社鼓。”南宋辛弃疾在《永遇乐》中提到了两位南北朝大人物的小名。“寄奴”说的是南朝宋武帝刘裕，“佛狸”说的则是北魏太武帝拓跋焘。

说起“寄奴”一名的来历，对于刘裕本人来说还是较为心酸的。他出生于晋哀帝兴宁元年（363年）三月，因为家境极为贫寒，母亲又因产后疾病而早逝，父亲刘翘没有办法抚养他，便咬咬牙，打算把他给扔了。

在那个年代，被遗弃的孩子能有怎样的命运，想想都可怕。还好，与刘裕同宗的刘怀敬之母实在不忍心，便伸出援手，把他带大了。“寄奴”这个小名因之而生，可以说既有卑贱之意，又透着怜爱之情。

“佛狸”这个名儿，在《宋书·索虏传》中有记载，“嗣死，谥曰‘明元皇帝’，子焘，字佛貍，代立”。要说南北两边修史也是挺有意思的，北边的称南边的是“岛夷”，南边的也称北边的是“索虏”，都是用的贱称。

佛狸是动物名。在北方，以动物名作为小名，是常见的事。另一个有名的例子，就是宇文泰的小名。黑獭，也是一种动物。对于宇文氏最后篡国建立北周一事，时人是极为愤慨的，他们将这种情绪，也写入了民歌之中。

《狐非狐歌》的歌辞中唱道：“狐非狐，貉非貉，焦梨狗子啮断索。”因为黑獭这种动物，长得介于狐、貉之间，所以“狐非狐，貉非貉”是在说宇文泰。下句的“焦梨狗子”也是说的他。什么是“啮断索”呢？刚刚说了，南人总是把北人称为“索虏”，这意思是说，把头发编成辫子的家伙。所谓“啮断索”，便是在说宇文篡国一事了。

小贴士

【避讳常识】避讳通常有国讳、家讳和圣人讳三种。

国讳也称“公讳”，连皇帝都必须遵循。一般来说，国讳所回避的主要对象是皇帝本人和他的父祖的名讳。但实际情况可能扩大到皇后甚至外戚身上。在此情况下，人们在避讳时会格外麻烦。为了解决这个问题，宋、明两代的帝王大名大多为生僻的单字。这叫作“难知而易避”。

私讳也叫作“家讳”，顾名思义指的是家族内部，要回避宗亲长辈们的名讳。由于涉及面不广，这一点在实际操作中，难度不大。

应该说，圣人讳里也包括了国讳，但由于圣人指的主要是朝廷或民间所推崇的圣人贤者，因此主要说的是孔子、孟子、老子、黄帝、周公等人。此外，避讳的种类中，还有迷信讳、身残讳等。

要避讳，可以采取改名（官名、官署名、书名、物名、干支名、年号、封号、谥号、地名、建筑名）、改字（空字、替字、拆字、合字、缺笔、增笔）两大类方法。

第三章　太学生，读出来！

曾有作家说，如果非得从文化层面剔除掉所有朝代，只留下一个的话，应该是留下春秋战国。其中一个原因是，这时期不同学派的知识分子，在思想领域极具个性色彩，形成了争芳斗艳的局面。史学上称之为“百家争鸣”。

宗白华先生在《美学散步》中说：“汉末魏晋六朝是中国政治上最混乱、社会上最苦痛的时代，然而却是精神上极自由、极解放，最富于智慧、最浓于热情的一个时代，因此也就是最富有艺术精神的一个时代。”

精神自由和艺术自由，是魏晋南北朝的时代特点。不得不说，这个时期可以算是春秋战国之后，第二个百家争鸣的时代，虽然其影响力不可与前者相比，但他们能在一定程度上打破儒学独尊的局面，是相当不容易的。当然，儒学思想仍在发挥作用，只是，先前一统天下的势头减弱了不少。

说起思想领域上的新格局，自然有必要了解一下魏晋南北朝时期的教育体制。官学、私学、家学，都是特色鲜明的教育形式，一个都不能少。

官学，就是学校教育了。歌词里唱“东汉末年分三国”，从严谨的史学角度讲是不对的。因为，一者，东汉末年之后，三国各自攫夺了大半土地和利益，但同时期还存在很多诸侯势力；二者，三国鼎立的局面是在赤壁之战后才形成的。这里想说的是，正因为军阀啊诸侯之间的竞争十分激烈，不知最后鹿死谁手，所以三国时期的统治者们，无一不是格外重视学校教育的。

在这里面，曹魏是起步较早的一个国家。在建安二十二年（217年），曹操在邺城南建立泮宫，目的在于恢复前代的官学。“泮宫”是指古代的国家高等学校。

根据《礼记·王制》的记载，“大学在郊，天子曰辟雍，诸侯曰泮宫”。这是说，西周诸侯所设的大学，是国家最高学府，其性质相当于周天子的辟雍。性质虽同，形制却不同。郑玄讲道，“泮之言半也，半水者，盖东西门以南通水，北无也”。这是说，辟雍中央是高台建筑，四面环水，呈圆环形，而为了体现等级差别，诸侯所建的泮宫，只能有三面环水，便呈现出半圆环状。

这么看来，“泮宫”这名儿取得确实很形象。

值得注意的是，曹操此时已被封为魏王，他不肯称境内的高等学校为“辟雍”，这无疑说明他对无比渴求的皇权还是有敬畏之心的——哪怕只有一步之遥。

《诗经·鲁颂·泮水》中对鲁国泮宫里的活动进行了描写，“穆穆鲁侯，敬明其德。敬慎威仪，维民之则。允文允武，昭假烈祖。靡有不孝，自求伊祜”。从中不难看出，泮宫不仅仅是教育场所，还兼具了祭祀、庆功等礼乐活动的功能。由于泮宫制度影响深远，往后到了科举时代，都有用“入泮”来代指生员入学的规矩。

泮宫之下，还有地方官学。在这一点上，曹操也是很上心，很早就命令郡国之内各修文学。具体办法是各设学校，自行招收本地学生，及时入学。

魏文帝曹丕即位后，在黄初五年（224年）正式创立了太学，地点在洛阳。通过“禅让”得来的皇位，自然让魏文帝倍觉理直气壮，于是，学校的体制也不再“束手束脚”的了。他到底都做了些什么呢？

首先，在太学里置经学博士。这就意味着要保证儒学的地位。遵循“五经课试法”的制度，太学生刚进来时，称为“门人”，两年后，考试通过一经者才能叫作“弟子”，没通过的回家凉快去。

弟子再学两年后，考试通过二经者，可以被称作“文学掌故”了。没通过的这次不用担心被遣走了，留个级补考一下。后来的程序可以这样概括：再一年，通过三经者，为“太子舍人”——再两年，通过四经者，升“郎中”——再两年，通过五经者量才擢用。

在这样重视考试的教育制度下，南郭先生恐怕只能早早离场，原则上绝不可能走到最后。不得不说，五经课试法还是极见成效的。这个制度的形成，当然不是“无源之水，无本之木”，早在东汉桓帝永寿二年（156年），就已有课试法了，不过，曹魏对此进行了改造创新，一边令太学生认真学习，一边以授任官职等办法来奖励他们，这其实已经反映了今日提倡的“激励性教学原则”，确实很讲科学。

除太学以外，曹魏还开设了律学。和五经课试法不同，律学是曹魏的原创“产品”。所以，律学是我国律学设置的开端。尚书卫觊趁着魏文帝刚刚即位，要大展拳脚时，便以“九章之律，自古所传”为由，“请置律博士，而转相教授”。他说得很有道理，官吏们如不通晓熟习律法，定然也会导致工作效率低下。

曹魏在鼎立的三国中实力最强，这固然有多方因素，但他们在学校教育方面做出的探究和实践，却是不容小视的一个因素。

对手这么强大，蜀、吴两国岂会甘于“让贤”。

昭烈帝刘备自打在章武元年（221年）即位后，便开始设立太学，设置博士。在地方上，总辖一州的典学从事，和劝学从事、典学校尉、儒林校尉、师友祭酒、师友从事等掌官员，协作掌管州学等地方官学机构，都为蜀汉的教育事业添了不少砖瓦。

东吴这头，太祖孙权晚于蜀汉一年建国。次年，也就是黄龙二年（230年），孙权决定建立太学，一遵汉制。其教育管理的专职官员，叫作“都讲祭酒”。根据《典略》的记录，雄踞汉中近30年的张鲁，曾动过让马超担任“都讲祭酒”职务的念头，可见，这一要职普遍存在。

在地方上，东吴在州郡上，设有师友从事、师友祭酒、师友决疑等教育主官。

三国归晋之后，西晋继承了曹魏的优良资源，整顿和重建了太学。多达7000人的太学生里，难免素质参差，晋武帝裁汰一番留下了精英后，又及时补充臣工子弟入学，最后形成3000人的格局。

太常博士之下，负责教授的是19位博士。先前说过，门人要在两年后参考通过一经，才能叫作“弟子”。这时，除弟子以外，门生、散生、寄学、陪住等类型的学生，也在太学中一道学习。在散生中，甚至还出现了外国（西域）学生。

这种气象，很能彰显乱世之后统一政权的开阔胸襟，本来是极好的。却哪里知道，西晋由乱而亡得那么快呢？太学随之衰落，即便是东晋建国后，瞅着战争之隙有意复兴，也不奏效。

西晋在教育制度上的一大创造，便是让国子学与太学并立。略知明史的人都知道，明朝时期在南京和北京，都设立了国子监——北齐时期改称“国子寺”，隋炀帝时改称“国子监”——分别称之为“南监”或“南雍”，“北监”或“北雍”。

国子学办学的宗旨，是在培养高级贵族子弟。出于笼络人心的目的，这事必须操之以急，于是，下诏之后不过两年，校舍便已全部建好。此后，一位国子祭酒、一位博士、十五位助教，便各司其职，开始履行教育之职。到了惠帝元康三年（293年），国子学的入学资格，已被明确地定为五品以上官员的子弟。

至于东晋时期，连太学都办得不像样子，国子学在孝武帝时，即便是办了，也是形同虚设。相比而言，两晋时的地方官学一样，就更是一片衰飒气象了。

在几乎与东晋并存的十六国里，让人较为意外的是，他们反倒格外重视崇儒兴学。南朝宋代东晋而立，其地理优势及其与北朝勉强可相抗衡的军事实力，便决定他们有能力办好官学。

南朝四代中，宋朝最具特色。比如，宋文帝刘义隆分立了四学馆，改革了教育管理模式，此后，玄学、史学、文学、儒学分门别类地招收学生，这自然便于因材施教。宋文帝本人，最重视的是儒学馆。后来，宋明帝刘彧下诏立总明观（东观），在四科之外，特设了正令史、书令史、干、门吏、典观吏等职。这就使得总明观不仅是高等学校，还具备了藏书、研究的价值。

北魏的官学，总的来说是遵循汉制吸收晋制，使儒学居于统治地位的做法。不过，“国子学”的名称，曾被改成过“中书学”。他们的教育体制是极为规范的，郡县学制分四等办学，也就是“看菜吃饭”。依照《学令》的要求，州郡学生必须“三年一校”，以决定他们是否该继续深造。

北魏有个富有特色的高等学校，叫作“皇宗学”。顾名思义，皇宗学是为皇室子弟专门设立的学校，早在孝文帝元宏进行汉化改革之前，就存在了。北魏高层有这样的认识，实际上也是胡汉交融的必然趋势。

北魏分裂之后，北周最终取西魏而代之。明帝宇文毓本来雅好文史，他专门设立的麟趾学，和东汉时的鸿都门学倒有得一比，好评如潮。武帝宇文邕时，还设置了露门学这样的贵族学校，所传授的知识极为丰富。宇文邕的另一创造，是兴建了与南朝四学馆中的玄学馆相似的通道观。武帝曾有灭佛的行动，这个官方的道教教育机构，其意义真是不言自明。

众所周知，隋唐教育是极为发达的，但试问，如果没有兴废不定却百家争鸣的前代教育为基础，只怕它们也未必能有那样的格局。还是那句话，世界上哪里有“无源之水，无本之木”呢？

小贴士

【十六国时重视教育的皇帝】前赵昭文帝刘曜，自迁都长安后不久，便“立太学于长乐宫东，小学于未央宫西”，平民子弟中聪慧者1500人，入学为生。

前燕武宣帝（追封）慕容廆大兴文教，让刘赞做东庠祭酒，文明帝（追封）慕容皝还是世子时，便率国胄束脩受业。后来，慕容皝曾下令开除“不任训教”的学生，又在旧宫边建立东庠，令官员子弟以“高门生”称号入学，每月都要考察擢用“经通秀异”者担任近侍。

前秦宣昭帝苻坚在长安“广修学宫”，每月在太学中“考学生经义优劣”。后秦武昭帝姚苌富有远见，建国前已建太学，即位后很快下诏地方官学迅速兴办起来，并注重考试的成绩排序。他还开设了专门研究佛经的学校——逍遥院。

总的来说，十六国的官学也是主要遵循汉制，但在儒学之外，也颇为重视律学、史学、佛学。

第四章　门阀士族，家学渊源

与官学相对，互为补充的，叫作私学。

私学产生于春秋时期，孔子私学是其中规模最大、最有影响力的一家。西周以来，“学在官府”本质上是一种官府垄断的行为，私学的发展无疑降低了教育门槛，增多受教人数，更容易实现“有教无类”，文化传承。

汉末以来，官学时兴时废，传承文化的重任便有大半落在了私学的肩上。家学也是私学中的一种，但是它的规模，因其教育对象只是家庭成员，而与一般私学相差很多。然而，因人数少而同脉相传的原因，家学往往更能保障教学质量。

南朝梁沈约时常对人夸道：“吾少好百家之言，身为四代之史。自开辟以来，未有爵位蝉联、文才相继如王氏之盛也。”他口中所说的王氏，是指的琅琊王氏，而让他发出这等感慨的人，是王筠。

获得史书“幼警寤，七岁能属文，年十六为《芍药赋》，甚美”称誉的王筠，自小就以文学见长。他还很识时务，在同宗们对不够显要的官位表示不满，“未有居郎署者，或劝逡巡不就”时，却认为：“陆平原东南之秀，王文度独步江东，吾得比踪昔人，何所多恨？”他说的是陆机和王坦当年的往事。

谢朓曾说：“好诗圆美流转如弹丸。”沈约对王筠的赏识态度，简直没得说，时常借用这句话来称赞王筠的诗。先前说的那番话，是在鼓励其他学子们要“仰观堂构，思各努力”。

您发现了吗？沈约话语中所说的“爵位蝉联、文才相继”，是有深意的。他将爵位与文才放在一块儿说，谁能不明白以文才维持、兴继门第的道理呢？

所以说，门第观念的渗透和强化，从根本上促进了家学的发展。

其实，早在东汉章帝时，以弘农杨氏“四世三公”、汝南袁氏“四世五公”为代表的阀阅之家，便有优先参与政治的特权。但他们也清楚一点，没有个人才德的砥砺，通经入仕的路子，他们也达不到这样的高度。

因而，魏晋南北朝的门阀世族们，为了使得家族长盛不衰，持续地垄断朝廷政治，必须努力地培养后人。不是有句话，叫“铁打的世家，流水的王朝”吗？毫不夸张地说，这时期的门阀士族们，做到了这一点。这大概可以叫作，“任尔宋齐梁陈朝，我自岿然不动”了。

那么，门阀士族的家学有何特别之处呢？

他们的教学内容，是以儒学为宗的，比如北魏范阳卢氏，一方面“文武功烈，殆无足纪”；另一方面，之所以“见重于时，声高冠带”，是因为“德业儒素有过人者”。这就是说，谙熟于家传儒学，会格外有利于提高家族的声望。

然而，他们所学的内容，也不唯儒学。与社会的整体氛围和官学的特点相一致，家学也必须做到儒玄佛道的交融，才能不被时代所淘汰。这里面，值得一提的是玄学。简单说来，玄学便是指对《周易》《老子》《庄子》这三玄的研究与解说，名士们耽于清谈，所论的也多是诸如有与无、本与末等形而上学的抽象问题。

从三国鼎立之时，以儒学为宗的家学，便已初见“遵儒者之教，履道家之言”的端倪。

玄学这种思潮，在经过葛洪、寇谦之、陶弘景等人的改造与发展后，被引入家学中，便极大地丰富了教育的内容。南朝史家何尚之，精于儒学，但他却“素好谈玄”，并在府中置玄学，引来不少学子“慕道来游”。

应该说，玄学融入的时风，自有它的一番价值，但不得不说，西晋的亡国，与之有一定关系。有个词叫“清谈误国”，说的是西晋的伪君子王衍。

琅琊王氏人才辈出，王衍貌美且风度娴雅，自小便被名士山涛称赞为“宁馨儿”，但山涛又预言说，这个人很可能会误尽天下百姓。果不其然，王衍身为高官，却不重经世只重玄谈，这会带来很坏的社会风气。我们有个成语叫作“信口雌黄”，便是来源于此君的“贡献”。因为他清谈起来缥缈不着边际，错了随口就改，这个说法就悄悄流行起来了。

客观地说，在历时16年的“八王之乱”中，墙头草王衍其实还是有匡扶晋室的决心的，但是有决心和有实力是两码事。永嘉四年（公元310年）时，羯人石勒包围了洛阳，东海王司马越忧惧而死，这下子，王衍慌了。

王衍没练过凌波微步，逃跑功夫不行。石勒本来还对这个俘虏比较尊敬，可一来听不惯他到这时候还在谈玄学论古今，撇清亡国的干系；二来讨厌他劝说石勒自称皇帝的墙头草行为。王衍最后惨遭椎杀，才知后悔，道：“呜呼！吾曹虽不如古人，向若不祖尚浮虚，戮力以匡天下，犹可不至今日。”

讲王衍清谈误国的故事，无非是想说，在门第教育也就是家学中，习染了玄风，对于社会上层普遍谈玄，乃至误国误民，应该是负有一定责任的。

这当然不是说，家学教育是失败的。总的来说，家学十分注重教授高雅的内容，也尤为重视世家门风的培养，这无疑都是其成功之处。

书法、文学、棋艺、琴术，都是高雅之艺。在两晋南朝，琅琊王氏是书法世家；在北朝，清河崔氏和范阳卢氏，也都是极重家学渊源，一时称善的。文学方面，当属陈郡谢氏为最风流。李白在《宣州谢朓楼饯别校书叔云》中吟道：“蓬莱文章建安骨，中间小谢又清发。”这个“小谢”说的是谢朓。其实，李白的偶像谢安、谢灵运、谢朓，都是陈郡谢氏的佼佼者，后两位都是在诗文上有深厚造诣的。

刚刚说的世家门风是怎么回事呢？

有一点得说明的是，门风这个东西不只门阀世家才有。通俗地讲，所谓“门风”，便是一户人家的德行风气，也就是道德准则。于丹教授认为，“教孩子厚道做人是最基本的家风”“女性在家庭教育里扮演重要角色”，家教的学问，是“教孩子从小明辨是非承担责任”。这说得很好。

过去，尤其是在魏晋南朝，门阀士族的家庭教育观，是很温厚育人的。他们讲究谦退知足的处事原则，他们秉持廉慎爱国的为官思想。虽说士族之中，不是人人都能成为芝兰玉树，但其“优生率”在那个年代，已经是很高的了。

为了达成目标，除了以世代相授的家学，对后辈们施加影响，他们还特意发展了家馆。

在北魏时期，“置学馆于私第，集群从子弟”的做法并不少见，之后，西魏、北周两朝的重臣于谨、李弼等人，也专门设置家馆，来教育后代子孙。

光有这些，他们还嫌不够，于是，家诫、家训等书籍便大批涌现出来。家训旨在对子孙进行立身处世、持家治业的教诲与指导，从汉初开始，就较为流行了。可以说，“修身”“齐家”的观点贯彻始终，以牢记家法国法、和睦宗族乡里、孝敬父母长辈、尊重礼教名分等内容为主。

这些内容，有很多在当下都是可资借鉴的，可谓是常看常新，脍炙人口。

魏晋南北朝最为有名的家训，应该是北齐颜之推的《颜氏家训》。士族家庭的出身，使得颜之推幼承庭训，资质不俗。他本来在南朝梁任职，官至散骑侍郎。在南朝梁亡国之后，转投北齐，继而归附于灭掉齐国的北周，又成为隋朝的学士。家国屡丧的人生经历，让他在立身、处世、为学方面，有了更多深刻的体会。

《颜氏家训》著成以后，被后人誉为家教的典范之作，在后世，《朱子家训》《曾国藩家训》诚然不错，但要说起影响力，都赶不上它。

“人生小幼，精神专利，长成已后，思虑散逸，固须早教，勿失机也”，颜之推提倡教育要趁早，他自己的话，是在“七岁时，诵《灵光殿赋》，至于今日，十年一理，犹不遗忘”，可在二十余岁，“所诵经书，一月废置，便至荒芜”。

这样的现身说法，让人读起来真是倍觉亲切呢！

小贴士

【隋唐前的私学教育】西周王权式微、礼崩乐坏的局面渐渐被打破了。各诸侯国甚至各卿大夫，亟需以养士等方式来壮大实力。怎么培养士人？“学在官府”是不可能的，以培养士人为目的的私学，便就此兴盛起来。儒、墨、道、法四家，是其中最富影响力的，其思想的传播主要依靠私学。终于，在战国时期，“学在四夷”的局面完全形成了，百家争鸣的气象也鲜明起来。

汉朝时期的私学，多传授古文经学，这自然是因为“罢黜百家，独尊儒术”的原因。值得注意的是，汉朝的太学生，除了在太学读书，也可同时接受私学教育。因此，经师大儒可放心地开门授徒。到了东汉末年，动乱不息的时代给了私学压倒官学的机会。

两晋时期，名儒开庐办学，生源极好，往往可达人数千百的规模，这说明这时的私学是极为发达的。南朝的情形也大抵如此。北魏曾下诏禁绝过私学，但考虑到汉化需要，也渐渐放松了禁令。

第五章　想说“卿卿”，不容易

当今，有个词儿叫“秀恩爱”，说这话的人，大多是被身旁小情侣的亲热劲儿给腻歪了的——唉！一边摇头评价，一边翻着白眼，心情别提有多酸爽了。

数年前，表达类似意思的词语，叫“卿卿我我”。要说啊，这成语的来源，还得追溯到一千六百年前。《世说新语》中《惑溺》一篇里提到，王安丰的妻子，时常唤夫君为“卿”。

王安丰听着有些不对味，便说：“那个……亲爱的，妇人用‘卿’来称呼夫婿，从礼数上说是不敬的，以后别再这样了。”

妻却不以为然，立马回道：“这不是因为我亲你爱你，才用‘卿’来称呼你嘛！况且，如果我都没这资格，谁还有这资格？”王安丰一听这话，心也甜了，索性由着她“胡来”。

人家是“感情深，一口闷”，王妻这却是“感情真，‘卿’也称”，读来令人莞尔。之前，“卿”字的解释大致有四：古代高级官名，对男子的敬称，传统姓氏之一，皇帝对爱臣的称谓。

从此以后，夫妻情侣之间，便以“卿”为爱称——不过，得私下里这么叫，才稳妥。值得注意的是，《孔雀东南飞》中，汉末的焦仲卿称妻为“卿”，但这篇作品却是在南北朝时，才逐渐定型的。

后来，李白说，“我醉欲眠卿且去，明朝有意抱琴来”；纳兰容若说，“若似月轮终皎洁，不辞冰雪为卿热”，都各有一番内涵在里头。

大概是一个“卿”字还不够亲昵，那便来一双；光有“卿卿”，没有“我”，也不行，于是便有了“我我”。如此一来，流传千年的成语“卿卿我我”，终于在后世诞生了。

要说，男女相爱缠绵，自然是好，卿来爱去的，也没甚不妥。只是，王安丰之所以不反对娇妻唤他为“卿”，还是因为，他是王安丰，而不是别人。

你道这王安丰是谁？大名鼎鼎的“竹林七贤”之一王戎是也。他倒也不是个寻常人物，这才哈哈一笑作罢。只是，没想到，他夫妻俩一不留神，便“创造”了成语。

凡是交际，便免不了要格外注意称谓，不然失礼于人前，那多不好。依然是在《世说新语》里，记载了另外一则故事，可以作为那个时期人物对话所用称谓的范本。

话说，太丘长陈寔的一个朋友约好与他同行，约期在中午，但朋友过时不至，陈寔就自个儿先走了。朋友姗姗来迟后，问对方七岁的儿子元方：

“尊君在不？”

答曰：“待君久不至，已去。”

友人便怒，曰：“非人哉！与人期行，相委而去！”

元方曰：“君与家君期日中……”

显而易见，“尊君”“家君”一个是敬称，一个是谦称，分别用于对方父亲和自家父亲。但要注意，如果在“家君”前头加上“足下”二字，就变成敬称了。

应该说，朋友先前还是挺有礼貌的，但在这大是大非的事上头，有点儿拎不清，居然一着恼，就骂小元方他爹是“非人”。

非人，非人，真不是人！这骂法和当时的“何物等流”差不多，说您不是东西！

这里，先不忙看元方是怎样有理有据地反驳对方的，只看这“非人”一词。在魏晋南北朝时，用“非人”和“何物等流”来骂人，都是很过分的。

一般来说，直称对方姓名，或是在有名望有身份的人跟前称他乳名，都算是在骂人。比如，地位相近的人，连姓带字地称曹操为“曹孟德”，这是对的；而您叫他曹操，或是曹阿瞒，这就不礼貌了——就算是无意为之，也挺无礼的嘛！

还有“竖子”这个词，虽说也可以是对童仆和小孩儿的一般性称谓，但多数情况下，是一个蔑称。而且，此词“生命力”实在太旺盛，从春秋战国起，至明清时都能见到它的踪影。

想象一个画面，如果有人对您“田舍奴”“头钱价奴兵”“乞索儿”这样一连串骂下来，您就立刻从乡巴佬，变身贱奴，再变身乞丐了！但这都不算啥，再来个“獠”和“蝇蚋”，您会瞬间沦落为狗啊虫子之类的身份。

看懂了吧？那时最厉害的骂人办法，就是给您降级、降级，再降级，直到变成异类为止！至于说，对那些身份特殊的人，骂人就该有针对性。比如，“贼秃奴”是专骂和尚的。

当然，这些称谓都是糟粕，今人了解就行，可不要照做啊！在我们这个文明古国里，只有出入各种场合，都能应对自如的人，才会被人认为深具修养，才能得到别人发自肺腑的尊重。

要做到应对自如，礼仪的知识不可少，避讳的知识更重要。在南朝宋时，谱学家王弘便是因此出了名。传说，王弘可“日对千人，不犯一人之讳”，真不知要有怎样的天赋，或是后天努力，才能够做到。

要是不懂避讳知识，其人际交往效果，是会大打折扣的，这样的人也不适合担任官职。与王弘同时代的刘道隆，就犯过这样的错。

根据《南史》的记载，刘道隆听孝武帝称赞谢朝宗富有文采，说他是“殊有凤毛”，非比寻常，还以为是他家里有凤凰羽毛。于是，一来出于好奇之心，二来出于巴结之意，忙不迭跟去谢家，说要看看凤毛。

哪知，对方大不乐意，直奔内室，把他晾在外头。

原因很简单，谢朝宗的父亲的名讳是“凤”，孝武帝说他“殊有凤毛”，是在夸他有乃父之风。可刘道隆因为不懂避讳，既得罪了别人，又侮辱了自己。

还有个故事的主角，是东晋时的王忱。

那会子，南郡公桓玄要出任太子洗马，船行途中暂停于荻渚，王忱听说这事以后，忙热心地去探望他。这本来是好事，谁想王忱刚服了五石散，一时间脑子不得劲儿，在交谈之中，竟说自己不能喝冷酒，让随从去“温酒”。

这一声，立刻让桓玄伤心起来——他父亲，名讳为“温”。

最后，桓玄倒是没怪这个“马大哈”，但是王忱自己却不好意思了。写到这儿，不由叹：这王忱确实太大意了，不说远的，最起码对方父亲的名讳，你得牢牢记住，对吧？

由于时人交际面广，为了避免在书信和交谈之中，一不留神得罪别人，此时的谱牒之学，便格外盛行。所谓“谱牒”，便是以家族发展为背景，来记录氏族世系的图册。这玩意儿，夏朝就有了，但直到魏晋南北朝时期，才引起人们的空前重视。

战争频仍和造纸术的普及，固然是谱牒学兴起的原因，而当时士族因为耻于和寒门为伍，也得通过这种方式，来进行自我标榜。先前所说的刘道隆，就出身寒门。

由于士族高门内部，在礼仪风度方面是经过专门培训的，而这个东西又很难“自学成才”，所以，但凡寒士庶民，真的很难避开雷区。

然而，换个角度思考，雷区之所以是雷区，也是因为人们对“避讳”这事儿过分在意。但其实，要是自个儿不介怀，别人要是哪天冒犯了您，问题也不大。我猜，如果刘道隆当时碰上的是任诞潇洒的王蒙，就有可能不会丢脸丢成那样。

王蒙是东晋的名士、皇戚，平时极为看重仪表，揽镜自照时，时常臭美道：“王文开怎么生下我这么好看的儿子。”

其父王讷的表字，正是“文开”。众所周知，表字是古代及冠之后，以表其德的别名。平辈的人称呼起来，可表敬意。但是，对父辈的人，却不能这么叫。

顺便提及的是，在各类小说及影视剧中，都常犯的一个错误。我们时常能看见，其中的“古人”身为下属或是平民，把上司或是长官称为“大人”，这在魏晋南北朝时期，是不可想象的。

若是哪个小子，随便叫别人为“大人”，回头多半要被老爹胖揍一顿。何故？在这时，“家君”和“大人”分别是对父亲的背称和面称——若要对母亲叔伯等长辈表示敬意，也可使用。《隋书》中，韦福嗣便对父亲韦世康说过“大人澡身浴德，名立官成”的话。

所以说，随便拉个人就叫“爹”，亲爹能不生气，才奇了怪了！还有，在北魏建国前后很长一段时间，部族首领也可以被叫作“大人”。

今人所理解的那种含义，其实是始于元杂剧中，比如，在关汉卿的《钱大尹智勘绯衣梦》一剧中，李庆安就称钱大尹为“大人”。

实际上，除了“爹”“大人”以外，北朝那头，还把父亲称为“郎”“阿父”“阿耶（爷）”，等等。《木兰辞》里就说过，“阿爷无大儿，木兰无长兄。”

当然，由于此时南北两地在文化政治各方面，都在不断交互渗透，因此，南朝人也有唤父亲为“阿父”的例子。

至于，对亲王和官员们到底该怎么称呼，方式主要有三：直接称官职爵位名；在官职爵位前面加上姓氏；姓氏后加一个“公”字。

看吧，生活在魏晋南北朝，不仅是“卿”字不能随便喊叫，也得避免粗心大意犯了忌讳，或是“认”错了爹。同时，真希望今人进行文学创作时，能在称谓方面上点儿心，别拽着“大人”“娘娘”不放，写出令人啼笑皆非的“穿越剧”来。

因为，它们也是历史文化的组成部分，同样值得我们去追索和尊重。

小贴士

【魏晋南北朝常用称谓】

家庭——

祖父：祖公/阿翁/阿公

祖母：祖亲/阿婆

丈夫：君/郎君/夫婿

妻子：阿奴/新妇

岳父：妇父

岳母：妻母

公公：大人公

婆婆：阿家/大家

儿媳：新妇

亡父：先人/先公/故大人/先君/先尊

母亲：阿娘/阿母/家家（北朝）

庶母：阿姨

哥哥：阿兄/阿干（北朝）/排行+兄/排行+郎

弟弟、子孙：弟/阿奴

弟弟的妻子：弟妇

姐姐和姐夫:姊、姊夫

对外——

一般男性：丈夫/阿+名、字/郎君/小郎/公子（高贵的年轻男性）/阿翁（年长的男性）

一般女性：阿+姓氏/娘子（小娘子）/女郎/姓氏+排行+娘……

皇室——

皇帝：陛下/大家（北朝，下对上也可用）/至尊/天子/官家/主上

皇后：殿下

后妃：夫人/姓氏+娘/姓氏+封号

宗室：殿下/王/大王/封号+叔/排行+叔

【特别提示】在此时期，“哥”不指“兄长”；“姐”不指“姐姐”；“小姐”多用于宋朝，指宫女、姬妾和艺妓等；夫君，一般不称为“丈夫”；皇后和后妃，不称“娘娘”。